Dein Insider-Trip

W0060413

CHIEMGAU

Besondere Erlebnisse – von entspannt bis rasant

Inhalt

Die Klassiker reloaded

Altbekanntes ganz neu erleben

Die Lecker-bissen

**Verführerisches
von süß bis deftig**

Die kreativen Orte

**Kunst & Kultur
von gediegen bis hip**

Die wilde Seite

Gas geben und Spaß haben von sportlich bis mutig

Die ruhigen Ecken

Entspannen von minimalistisch bis luxuriös

Das pralle Leben

In Feierlaune das ganze Jahr

Mix & Match

Mach dein eigenes Ding

Dies & Das

Karten, Register & mehr

Gipfel, Almen, Bayerisches Meer – so kennst und liebst du den Chiemgau. Und echte Klassiker werden auch niemals langweilig. Schau um die Ecke, nimm eine andere Perspektive ein, such die geheimen Orte und neuen Interpretationen. Und huch: Ist da schon ein neuer Klassiker im Anmarsch?

Die Klassiker reloaded

Altbekanntes ganz neu erleben

Übers Wasser gehen Mit dem SUP zu altbekannten Ufern

→ Paddelspaß – egal, ob zum Sonnenuntergang oder tagsüber!

INSIDER-TIPP
Erfrischung gefällig?

Während die Touris auf den Dampfschiffen gen Herrenchiemsee schippern, schnappt ihr euch das Paddel und gleitet mit den Stand-up-Paddle-Board über das Bayerische Meer. Vom *SUP Center Chiemsee am Verleih Schraml* braucht ihr 45 Minuten, bis euch das weltberühmte *Neue Schloss Herrenchiemsee* nahezu vors Board fällt: Den Blick über den Schlosskanal auf das Klein-Versailles von 1878 bekommt ihr so auf keiner Schiffsroute! Der Seeabschnitt vor dem Kanal eignet sich als Badestopp. Auf der Nordseite gibt es schattenspendende Bäume, das Wasser ist klar.

Weiter geht es gen Norden: An der Seekapelle Heiliges Kreuz steht das Bootshaus samt Kiesstrand. Hier könnt ihr eure Boards parken. Schaut euch den hölzernen Jesus an der Kapelle von 1679 an und dann geht's durch die Hecke. Direkt am Ufer hinter der Kapelle liegt der versteckteste Biergarten ganz Bayerns: Die *Boje 5* ist ein Anlaufpunkt für Einheimische, Wasserratten und alle, die in Ruhe ihr Helles trinken wollen. Geöffnet ist nur bei Sonnenschein ab 17 Uhr, die Facebookseite wird täglich aktualisiert. Dort gibt's auch kleine Grill-Schmankerl. Vom abgesägten Baumstamm habt ihr den schönsten Blick auf die sinkende Sonne, die das Riesenrad von Prien in goldenes Licht hüllt. Ach …

1 **SUP Center Chiemsee am Verleih Schraml • Harrasser Str. 39, 83209 Prien • supcenter-chiemsee.de**

2 **Neues Schloss Herrenchiemsee • 83209 Herrenchiemsee • herrenchiemsee.de**

3 **Boje 5 • Kreuzkapellenweg, 83209 Herrenchiemsee • Facebook: Boooje5**

Vergessene Steige
Hierher führt kein Wegweiser

Folge den Steinen … Bei dieser *Wanderung auf den Seekopf* leiten Kiesel euch den Weg: Gestapelt zu kleinen Männchen und Pyramiden markieren sie die Route hinauf auf 1173 m. Obacht: Es gibt hier keine Gastronomie oder Almen. Ausreichend Wasser, eine Brotzeit und Motivations-Kekse solltet ihr in euren Rucksack packen.

← Vom Gipfelkreuz schweift der Blick über »Klein Kanada«

Schwierig ist auf dieser knapp zweistündigen Wandertour nur der Einstieg. Nach dem Seehaus am Förchensee erblickt ihr nach 1,5 km auf der linken Seite einen Forstweg, der gen Gipfelkreuz zeigt. Hier seht ihr die erste Steinpyramide, die euch leitet – und bald findet ihr diese Wegweiser bei Trampelpfaden, die abseits des Forstwegs in den Wald führen. Dieser Weg ist nicht ausgeschildert, lohnt sich aber für eine Rundwanderung. Über Steine, Wurzeln und umgekippte Bäume geht es nach wenigen Metern steil entlang des Südwesthangs. Ein bisschen anstrengen, dann ist der Weg nach nicht mal einer Stunde bewältigt. Kurz vor dem Gipfel lichten sich die Bäume und dann – bäähm! Über drei Seen blickt ihr hinab ins Tal von Ruhpolding und Reit im Winkl, ein Panorama, das selbst Bergfexe in Staunen versetzt. Die Seenplatte aus Förchen-, Löden- und Weitsee betiteln die Einheimischen gerne als »Klein Kanada«. Steigt vom Gipfelkreuz rechter Hand in den Wald hinab: Dort fangt ihr die Seenplatte im Foto am besten ein.

Runter geht es über den weniger steilen Waldweg bis zum Forstweg. Nach 45 Minuten erreicht ihr wieder euren Ausgangspunkt.

INSIDER-TIPP
Schatzi, schenk mir ein Foto

4 **Wanderung auf den Seekopf • Start: Wanderparkplatz Seehaus am Förchensee, 83324 Ruhpolding**

Gedreht & geschlungen
Im Brezn-Workshop zum Bayern werden

↓ Den Teig zu langen Würsten rollen, dann schlingen – den Rest erledigt der Ofen

Traditionen beginnen immer mit guten Geschichten. So auch die Brezn, das Kulturgut der Bayern schlechthin: Ein Edelmann wollte die Tochter eines Königs heiraten – doch der hatte andere Pläne für die Prinzessin. Mit einer Ausnahme: Sollte der Verliebte ihm ein Brot bringen, durch das dreimal die Sonne scheinen könne, so sei die Hand der Tochter sein. Unmöglich? Nicht für Bayern wie den findigen Edelmann: Die Breze wurde gedreht und geschlungen, dem König präsentiert – und das Happy End war perfekt.

Solche Geschichten aus Bayern weiß Anna Olsen zuhauf zu erzählen. Die gebürtige Chiemgauerin bietet mit ihrem Mann Tyler seit 2019 Workshops rund um's »being Bavarian« an. Ob Stammtisch-Regeln oder Knödelkurs, ob »A Hoibe«-Rodel-Tour oder Kaiserschmarrn-Action: Alles, was man über die eigenen Bajuwaren-Wurzeln schon immer wissen wollte, in Oberaudorf kommt's auf den Holztisch, samt uriger Brotzeit. Vollkommen verkannt, da alltäglich, ist Annas Meinung nach die Brezn. »Die meisten essen sie als Snack in der U-Bahn, aber das wird ihr gar nicht gerecht«, sagt sie. Aus Mehl, Hefe, Wasser, Salz, Butter kneten sie und ein alteingesessener Bäcker im *Brezn-Workshop* die langen Schlangen, die dann in der Luft zur dreifachen Schlinge geworfen werden. Danach werden sie in Lauge getunkt, ehe sie frisch gebacken mit Obatzda bestrichen werden. Vier Stunden dauert der Bäcker-Workshop, den ihr ab vier Personen zu 129 Euro buchen könnt.

5 **Brezn-Workshop bei Adventure Bavaria •**
Auerburgstr. 21, 83080 Oberaudorf •
adventure-bavaria.com

Mode mit Wurzeln
Coole Labels der Region

Nur Dirndl, das wurde Bella und Susi Brückner bald zu wenig. Die Schwestern wollten die Tracht in den Alltag holen. Mit Leinen-Shorts, Spitzenshirts und Stresemannhosen. Für Mann und Frau, für Bayern und Zuagroaste, für Alt und Jung. In der alten Zenzmühle im Dorf Antwort fingen sie an zu designen und zu schneidern. Herausgekommen ist ihre Modelinie »Bella-Susi«, die Tradition locker interpretiert. Die Freunde hielten als Schneiderpuppen her, die Brüder als Fotomodelle. Inzwischen bietet ihr Laden *Trachten Brückner* in der Mühle alles für den Alltagslook mit Chiemgau-Twist, dazu bekannte Dirndl-Designer wie »Gott sei Dank« und »Coco Vero«. Produziert wird in der Region, die Nähte sind alten Schnittmustern entliehen. Die Stoffe: filigran gemustert, zart gewebt. Weniger ist bei den Brückner-Schwestern mehr.

Mit Schnittmustern aus dem 19. Jh. arbeiten die Brüder Engelbert und Michael Aigner in ihrer Lederhosen-Manufaktur in der Berchtesgadener Altstadt. Hingucker bei *Lederhosen Aigner* sind die Original-Trachtenhüte.

Mehr Statement zur Heimat sind die Shirts und Hoodies von *Home is where the lake is*. Egal, ob zum Trachtenrock oder zur Lederhose: Die Oberteile aus Bio-Baumwolle, made in Siegsdorf, mit dem Scherenschnitt des Chiemsees bringen Lässigkeit in den Bayern-Look.

← Trachtig und modern – auch im Alltag passen Dirndl und Janker

6 **Trachten Brückner • Lohebergweg 5, 83093 Bad Endorf • trachten-brueckner.de**

7 **Lederhosen Aigner • Metzgerstr. 1, 83471 Berchtesgaden • lederhosen-aigner.de**

8 **Home is where the lake is • Schaumburger Str. 7, 83278 Traunstein • Facebook: kleidungsladen**

Himmel der Bayern
Reise ins All auf der Winklmoosalm

→ Urknall, Galaxien, Sternbilder – Manuel Philipp erläutert den Himmel über Bayern

Skifahren, spazieren, schmausen: Die Winklmoosalm ist der Bergklassiker im Chiemgau. Was die wenigsten wissen: Die Nachbargalaxie Andromeda kannst du mit bloßem Auge von hier oben erblicken. 2,5 Mio. Lichtjahre scheinen auf 1170 Höhenmetern zum Greifen nahe: Das zeigt dir Astronom Manuel Philipp bei seinen *Sternenführungen* auf dem Plateau, das als Dunkelpark gilt. Sprich: Dich erwartet eine tiefschwarze Nacht, mit kaum künstlichem Licht aus der Ferne. Während du an anderen Spots ein Teleskop brauchst, um Nachrichten aus einem unbekannten Universum zu erfahren, reichen hier deine Augen – so dunkel ist es dort oben.

Vom Parkplatz aus geht es in die Nacht und ab in ferne Welten. Sternbilder und Satelliten wirst du sehen, die Milchstraße, Planeten und Sternschnuppen. Die sonst so wuselige Winklmoosalm wird zu einem Ruhepol unterm Himmelszelt. Manuel Philipp hat den Himmel über Bayern seit Jahrzehnten studiert. Besonders schön sind seine Nachtwanderungen, wenn im Hochsommer die beiden Sternbilder des Skorpions und des Schützen zu bestaunen sind. In zweieinhalb Stunden nimmt der Physiker dich mit auf eine Reise zu Urknall und neuen Sternensystemen. Die Sternschnuppenführung Mitte August ist ein besonderes Highlight am Himmel.

Forschungen und aktuelle Himmelsschauspiele bezieht dein Guide immer mit ein, sodass jede Nachtwanderung einmalig ist. Nur auf Andromeda kommt Manuel immer zu sprechen: »Es ist faszinierend, sie mit bloßem Auge sehen zu können.«

INSIDER-TIPP
Wünsch dir was!

9 **Sternenführung auf der Winklmoosalm • Dürnachhorn-Nostalgie-Sesselbahn • Winklmoosalm, 83242 Reit im Winkl • Termine unter abenteuer-sterne.de • 15 Euro**

Bavarian Cuisine
Landgasthöfe neu gedacht

Hip-Hop-Beats hallen aus dem Landgasthof in Hittenkirchen. Anja und Patrick Bellahouel haben aus dem einst rustikalen Landgasthof ein kulinarisches Kleinod à la Bavière gemacht. Obacht! Hier ist schnitzelfreie Zone! Waren Landgasthöfe früher für viel, günstig und Schnitzel bekannt, so denken die jungen Köche alte Rezepte neu: Kreiert wird hier am laufenden Band, äh, Teller. Das pochierte Ei kommt mit Speckmarmelade daher. Bio-Garnelen aalen sich im schwarzen Knoblauch auf Risotto, die Lachsforelle geht mit Erbsencreme und frittiertem Holunder eine »ménage à trois« ein. Kräuter, Salate und Gemüse zieht das Ehepaar in Beeten rund um den *Landgasthof Hittenkirchen* selbst. Auch sonst ist Bio-Qualität Pflicht. Stammgäste sagen, die Spare Ribs seien die besten der Region. Die BBQ-Soße strotzt nur so vor Rauch- und Honig-Aromen. Im Glas geht's spektakulär weiter: Neugierige wagen sich an Weine aus Georgien oder Rumänien, die auch offen angeboten werden.

Reduzierter ist *Auers Schlosswirtschaft* in Neubeuern: Das Ambiente ist puristisch mit alten Löffeln, Schneidebrettern und Glasvasen als Deko. Die Karte: klein, französisch-fein mit Spezialitäten wie Landhendl, Leber und Lende. Dazu finden sich auf der Weinkarte Liebhaberstücke wie der Riesling »Geheimrat J« oder der »Gemischte Satz« von Potzinger.

← Kunterbunt, regional und nachhaltig – so sieht das im Landgasthof Hittenkirchen auf dem Teller aus

INSIDER-TIPP
Schöne Schweinerei

10 **Landgasthof Hittenkirchen • Hittostr. 8, 83233 Bernau • der-landgasthof.bayern**

11 **Auers Schlosswirtschaft • Rosenheimer Str. 8, 83115 Neubeuern • auers-schlosswirtschaft.de**

Göttlicher Gipfel
Vergiss den Alltag beim Berggottesdienst

So wie das Amen in der Kirche, so gehört der Gottesdienst immer noch in die Region. An hohen Feiertagen und an Sonntagen. Doch: Die Kirche ist nicht stehengeblieben. Die klassische Messe gibt es auch als *Berggottesdienst* auf den Gipfeln von Hochfelln, Dürrnbachhorn oder Hirschkaser. Da bist du dem Himmel ganz nah – und doch mit beiden Füßen fest im Hier und Jetzt. Die Open-Air-Predigten der evangelisch-lutherischen Kirche Bayerns sind so was wie ein Quickie in Sachen Besinnung: In einer halben Stunde findest du Ruhe an den luftigsten Orten des Chiemgaus. Es wird gesungen und gebetet, meist untermalt eine Musikgruppe aus der Region das Ganze mit Blasmusik oder professionellem Gesang. Das Beste: die Umgebung. Mit Blick über Gipfel und Wipfel, den See und die Natur finden selbst nicht allzu christliche Menschen einen Zugang. Sowohl die Lieder als auch die Predigten sind weniger Gott- als naturzentriert. Schöpfung ist, was vor Augen liegt. Das kann auch mal eine neugierige Kuh von der Nachbarweide sein oder ein Paraglider, der die Thermik für sich nutzt.

Die meisten Gipfelgebete finden nahe von Almen, Seilbahnen und Parkplätzen statt, sodass du bequem vorbeischauen kannst – und genau so lange bleibst, wie du magst. Besonders schön: In der weltberühmten Streichenkirche wird die Sommersonnenwende mit Alphornbläsern begangen. In Bad Reichenhall gibt es Gottesdienste zum Sonnenauf- und untergang, Posaunenchöre hallen über die Steinlingalm bei Aschau. Ein Klassiker ist die Kapelle Mariä Himmelfahrt auf der Winklmoosalm, bei der einem die Welt zu Füßen liegt.

INSIDER-TIPP
Der längste Tag

12 **Berggottesdienste der evangelisch-lutherischen Kirche Bayerns • verschiedene Orte, z. B. Bad Reichenhall • berggottesdienst.de**

Ein Tag am Meer
Planschen in stillen Badebuchten

Hinter dem Schilf wartet der Blick auf die Alpen: *Urfahrn* im Norden des Chiemsees ist bei den umliegenden Einwohnern ein Geheimtipp zum Baden. Zwar solltest du einen guten Gleichgewichtssinn haben, um dich nach dem bayerischen Dschungel über die Uferkante ins Wasser gleiten zu lassen – dafür erwartet dich ein Blick auf Berge, Herreninsel und das bunte Treiben auf dem See. Das Schilf wirkt seitlich wie ein Sichtschutz, sodass du das Gefühl hast, privat zu planschen.

Im Osten gibt es noch einigermaßen ruhige Ecken auf Höhe von *Arlaching*. Von der Staatsstraße führt ein Uferweg zum Bootshaus am See, wo du dich im Gras unter alten Bäumen niederlassen kannst. Das Ufer fällt hier sehr flach ab, sodass der Platz auch optimal für Familien ist oder zum Aufsteigen auf das SUP-Board, ohne bis auch nur zum Knie nass zu werden.

Unterschätzt ist der Mini-Bruder vom Chiemsee, der *Tütensee* im Südosten bei Grabenstätt. Malerisch in Wälder eingewachsen findest du hier ein ruhiges Plätzchen im Landschaftsschutzgebiet. Das Seebad bietet Badeliegen, einen Nichtschwimmerbereich und zwei Stege, von denen du leicht ins Wasser gleiten kannst. Der Tütensee wird im Sommer etwas schneller warm als der Chiemsee, aufgrund der kleineren Fläche.

← In Chieming fällt das Ufer langsam ab

← Urfahrn eignet sich auch für einen Plausch im Nass

INSIDER-TIPP
Schwimmen, leicht gemacht

13 **Urfahrn am Ende der Königstr. •
83254 Breitbrunn**

14 **Ufer bei 83339 Arlaching-Chieming, Abzweigung
Seestr. von Staatsstr. 2095**

15 **Tütensee bei Grabenstätt • Seebad: Lueg 2,
83377 Vachendorf • tuettensee-seebad.de**

Bayerns Perle
Neubeuern neu erlebt

Es war einmal ... Deutschlands schönstes Dorf, gut versteckt auf einem Hügel über dem Chiemsee. Das war 1981, als Neubeuern mit diesem nationalen Prädikat geehrt wurde. Erker, Lüftlmalerei, dicke Geranien-Buschen, ein Marktplatz, so pittoresk von den zwei Stadttoren eingerahmt, dass man sich sicher sein muss: Gott ist Bayer. Beim Lichterfest im Sommer illuminieren tausende Kerzen den Ortskern – auf künstliches Licht wird für einen Abend ganz verzichtet. Seinen Reichtum verdankt das Dorf der Schifffahrt, deren Geschichte das kleine *Innschifffahrtsmuseum* am Marktplatz zeigt.

Neben der bayerischen Tradition gibt es in Neubeuern viel Modernes zu entdecken – vor allem, wenn du dich vom Marktplatz wegbewegst. Dort liegt der Concept Store *Le Tam Tam*. Ein bisschen Ibiza-Feeling und Hippie-Spirit versprühen die Rattanmöbel, der Hippie-Schmuck, Bio-Kosmetik, Accessoires und Feinkost. Mitbringsel für Freunde und dich selbst findest du garantiert.

Ein Abstecher lohnt auch zu Katrin Fischer: Die Chiemgauer Modedesignerin fertigt Trachten, Brautkleider sowie Basics für jeden Tag. Inspiriert wird sie von Oma Lotte, die fremde Kulturen, Blumen und die Welt liebte – und dem Atelier auch den Namen gibt: *Hommage an Lotte*.

INSIDER-TIPP
Ein Abend bei Kerzenschein

→ **Bilderbuch-Bayern am Marktplatz**

→ **Von Oma Lotte inspiriert: Designerin Katrin Fischer**

16 Innschifffahrtsmuseum • Marktplatz 4, 83115 Neubeuern • kulturdorf-neubeuern.de • Eintritt gratis

17 Le Tam Tam • Dorfstr. 2, 83115 Neubeuern • letamtam.de

18 Hommage an Lotte • Marktplatz 7, 83115 Neubeuern • hommage-an-lotte.de

Weißes Gold, schwarzes Gut Das Museum Salz und Moor

Ohne Salz nix los in Oberbayern: Dem Kristall hat die Region von den Alpen bis in den Norden von München ihren Reichtum in früheren Zeiten zu verdanken. Das Salz machte die Bayern ab dem 17. Jh. durch Zollgebühren und Brückenmaut reich. Bis heute wird im Chiemgau Sole gewonnen und zu Speisesalz abgebaut. Die klassische Ware des Bürgertums könnt ihr besonders spannend im Grassauer *Museum Salz und Moor* erleben. Wie die erste Pipeline von Reichenhall nach Rosenheim entstand, wie das damalige Gold gewonnen wurde und warum Salz damals wie heute so wertvoll ist, erklärt die Ausstellung im Klaushäusl so locker-leicht, dass es richtig Spaß macht, etwas zu lernen.

← **Wie das Moor ruht und lebt, entdeckt ihr beim Rundgang**

Doch der Chiemgau wäre nicht denkbar ohne den zweiten Schwerpunkt des Museums: das Moor. Nur wenige Meter von dem denkmalgeschützten Haus entfernt beginnen die Kendlmühlfilzen, eines der größten Hochmoore Bayerns. Früher wurde hier Torf abgebaut – heute sind die Kendlmühlfilzen Naturschutzgebiet, da sie dem Klima guttun und seltene (auch fleischfressende) Pflanzen und Tiere beherbergen.

Auf keinen Fall verpassen solltet ihr den Moorerlebnisweg, der mitten durch diese fast regungslose Landschaft führt. Nach einer halben Stunde gemütlicher Wanderung geht es euch wahrscheinlich wie den meisten Einheimischen: Dass Geister und Fabelwesen hier leben, scheint gar nicht mehr so unwahrscheinlich ...

(19) **Museum Salz und Moor • Klaushäusl 9, 83224 Grassau • grassau.de/klaushaeusl • Mo geschl., Eintritt: 4 Euro, Kinder bis 14 Jahre: 2 Euro**

Aus höchster Höhe
Hol dir dein persönliches Gipfelkreuz

→ Der Stein vom Gipfel wird im Kreuz platziert

Dieser Schmuck ist der Gipfel. Zumindest kommt er von ganz weit oben, eben der Spitze (d)eines Berges. Designer Florian Blickenberger fasst Findlingsteine von den Chiemseer Hausbergen Heuberg, Wallberg oder Wendelstein in silberne Kreuzanhänger und fertigt so handgemachte Geschichten in Silber. Am Ende thront jeder polierte und geschliffene Kiesel in der Mitte eines Kreuzes, das dem echten Gipfelkreuz nachempfunden ist: Mit Intarsien oder filigraner Gravur. »Heimatwohlgefühl« will der Designer des Labels *Mamma Bavaria* damit auslösen.

Das Kreuz wird individuell in mehreren Wochen Arbeit gefertigt. Sei es für die große Liebe oder den Partner aus der Seilschaft, für den besten Freund oder das Patenkind: Der Kettenanhänger ist eine ganz besondere Erinnerung an eine großartige Wanderung, an ein Abenteuer, das euch verbindet. »Es ist ein Stück Heimat zum Anfassen«, sagt Florian Weidlich – und auch ein Schmuckstück, das ein Wegbegleiter für die eigenen Ziele sein soll: Das Kreuz soll Orientierung geben, aber auch Mut, den steinigen Pfad bis zum Gipfel zu wagen, sich anzustrengen, aber auch den Aufstieg bis zum Lebensziel zu genießen. Eben ganz wie bei einer Wanderung gibt es Höhen und Tiefen, Schweiß und Enthusiasmus, Vorwärts und Stagnation. Dass sein Design Tradition ins Hier und Jetzt holt, zeigen auch die Lederbänder, an denen der Anhänger befestigt wird: Geflochten wird nach alter Goaßlschnoitzer-Art – die ist robust und vor allem auch ausgefallen anzusehen.

 Mamma Bavaria • Eichenstr. 4, 83083 Riedering • mamma-bavaria.de

Hat da jemand »Essen« gesagt? Na klar! Aber nur das leckerste und nur in der schönsten Umgebung. Geh auf Foodietour! Wo es zum Kaiserschmarrn den Kaiserblick gibt, Schnäpse vom Hofladen und Gulasch aus der Schlosswirtschaft. Dazu ein Bier aus der Alchemistenbrauerei?

Die Lecker bissen

Verführerisches von süß bis deftig

This Hendl is on fire!
Lagerfeuer-Kochkurs unter freiem Himmel

→ Ein Menü vom Lagerfeuer? Nicht nur denkbar, auch machbar!

INSIDER-TIPP
Gewürzmischung aus Heu

Die Zeitung von gestern solltest du aufbewahren. Darin wird heute der Fisch eingewickelt und dann in der Glut gegart. Wenn's um's Spiel mit dem Feuer geht, hat Michael Steffl in seinem *Lagerfeuer-Kochkurs* einige Hinweise parat. Nummer 1: Ein gutes Essen unter freiem Himmel braucht Zeit. Nummer 2: Die Natur gibt alles, was man braucht. Holz, Erde, selbst die Kräuter wie wilden Thymian, Bärlauch oder Klee zum Würzen der Speisen sammelst du mit ihm auf einer kleinen Wald- und Wiesenwanderung. Nummer 3: Lagerfeuer ist nicht Grillen. Die Hitze wird anders genutzt und selbst aus der Asche lässt sich noch was zaubern. Für's Lagerfeuer-Gefühl daheim, Hasenstroh aus dem Supermarkt im Topf verbrennen, die Asche mit Salz mischen. Bringt Aroma ans Steak!

In dem Vier-Stunden-Kurs erklärt der Feuer-Guru, warum Birkenholz geschmackliche Vorteile hat, welche Stelle sich für ein Lagerfeuer eignet und wie selbst bei Nässe die Funken fliegen. Nachdem das Holz frisch gesammelt, perfekt geschichtet und angezündet ist, geht es dann ans eigentliche Kochen. Mit Spießen und gusseisernen Töpfen, mit eben jenem Zeitungspapier von gestern und: Erde. In den Boden buddelt ihr nämlich ein Loch für einen Ofen, um dort das Fleisch zu schmurgeln. Wie gesagt: Lagerfeuerküche braucht Zeit. Zum Schluss wird es dann nochmal richtig heimelig. Im Herzen der Hitze setzt ihr mit einer feuerfesten Kanne Kaffee auf. Mehr Chiemsee-Cowboy geht nicht!

1 **Lagerfeuerkochkurs mit Michael Steffl • Bergbad, 83224 Grassau • erlebniscamp-chiemgau.com**

Hüttenschmankerl
Wanderungen zum Kaiserschmarrn

Berge und Bauernkuchen, Gipfel und Germknödel, Kühe und Kaiserschmarrn ... Seit jeher gilt unter Wanderern: Nach der Wanderung schmeckt die Belohnung am besten. Viele Almen sind überfüllt – ein paar Geheimtipps abseits der Pfade gibt es dennoch: So wirst du auf deinem Spaziergang zur *Dandlalm* auf gerade mal 880 m für jeden Schweißtropfen entschädigt. Spezi, Apfelschorle und Helles werden ganz pragmatisch in der Tränke gekühlt. Und: Hier wird jeden Tag frisch gebacken, was der Ofen und Großmutters Rezeptbuch hergeben. Nuss- und Käsekuchen, Apfel- und Zwetschgen-Streusel – und natürlich Kaiserschmarrn. Locker, karamellisiert, süß und schön eier-buttrig hat er sich das Prädikat »kaiserlich« wahrlich verdient. Dazu gibt es Kompott und das Muhen der Kühe, das das Alpen-Idyll perfekt macht.

Nach Omas Rezept wird der Germknödel mit Butter und Mohnzucker auf der *Paulshütte* seit vielen Jahrzehnten zubereitet. Nach 90 Minuten Aufstieg auf den Gipfel der Kneifelspitz auf 1189 Höhenmetern braucht es diese Stärkung: Nur der Blick bis nach Salzburg lenkt ein wenig von der herrlichen Mehlspeise ab.

Ein bissl verdienen durch eine fordernde Wanderung musst du dir Irmi Guggenbichlers Kaiserschmarrn auf der *Hefteralm*. Ihre Süßspeise ist weithinaus ins Tal bekannt. Und tatsächlich: Besser als hier auf 1020 m hat man den Klassiker noch nie gegessen.

← Auf der Dandlalm die Natur genießen – und vielleicht ein hausgemachtes Schmankerl ...

2 **Dandlalm im Röthelmoos • 83324 Ruhpolding • dandl-hof.de**

3 **Paulshütte auf der Kneifelspitze • Kneifelspitzweg, 83471 Berchtesgaden/Maria Gern • kneifelspitze -berchtesgaden.de**

4 **Hefteralm • 83224 Grassau • hefteralm.de**

Der Geist aus dem Hinterhof Schnaps-Destille Schnitzer

Das Brennrecht hält die Familie Schnitzer schon seit über 100 Jahren. Kräuterliköre destillierte damals der Urgroßvater, heute setzen die Brüder Stefan und Kajetan Schnitzer zusätzlich auf moderne Flaschengeister wie Gin, Wodka, Ingwerschnaps.

Wer bei Schnitzers vorbeischaut, glaubt erstmal wortwörtlich auf dem Holzweg zu sein: Über eine schmale Straße geht es am Kaltenbacher Mühlbach entlang. Ein kurzer Hops über eine Brücke, dann steht ihr zwischen den fünf Gehöften, die Kaltenbach bei Traunstein ausmachen. Im Seitentrakt des Familienbauernhofs ist der Hofladen mit Degustationsbar versteckt, die Destille selbst befindet sich einen Eingang weiter.

Seit fünf Generationen wandern die Rezepte weiter, kommen wie vor über hundert Jahren ohne Zucker und Aromastoffe aus. Vergoren wird, was die Natur der Familie gibt. Und das ist allerhand: Über 30 Schnäpse, Geiste und Brände führt der Hofladen. Teils sind es wilde Kreationen: Heu- und Ingwer-Geist, Zwetschgen im Whiskyfass und Hopfen-Destillat, Zirbengeist und Weinhefe im Glas. Dazu kommen Klassiker wie Himbeere, Williams, Haselnuss oder Enzian. Jedes Jahr kommt eine neue Kreation hinzu. Der Gin mit Wachholderbeeren und Alpenwasser aus dem Chiemgau wurde 2021 mit dem »World Gin Award« prämiert.

Probieren solltet ihr das Chiemgauglut, einen herb-fruchtigen Blutorangenlikör nach Urgroßvaters Rezept. Die Schnitzer-Buam kreieren damit ihren »Chiemberry«-Drink – perfekt für laue Abende am See.

INSIDER-TIPP
Silber im Glas

Destillerie Schnitzer • Kaltenbach 1, 83278 Traunstein • destillerie-schnitzer.com

Wirtshaus deluxe
Diese Köche zaubern bayerische Sterne

Wer meint, die Chiemgauer Küche besteht aus Renke, Reindl und Reiberdatschi, möge ein weiteres R hinzufügen: Rochen. Mit diesem Signature Dish begeistert Michael Schlaipfer in seinem Restaurant am Leitenberg. Serviert wird wie in der Sterneküche: Kunstvoll angerichtete Teller mit exquisiten Zutaten, die der ambitionierte Küchenchef gerne mal aus Japan oder der Bretagne einfliegen lässt. Der Rochenflügel kommt dabei wie ein Thomahawk-Steak an der großen Gräte daher. Das buttrige Fleisch löst sich leicht und zerschmilzt auf der Zunge. Wer es bodenständiger mag, bekommt Lamm in Essigjus, Saibling mit Passionsfrucht oder Wiener Schnitzel. Doch trauen solltest du dich hier im *Michael's Leitenberg*: Was ausgefallen klingt, schmeckt auch so – und immer gut. Das Restaurant war einst der großelterliche Kuhstall, und so sind Krawatte oder Chichi fehl am Platz.

Wie es scheint, zieht der Gau Haute Cuisine an: Ein Garant für Sterneküche ist der *Huberwirt* in Pleiskirchen, der die 400 Jahre alte Familiengeschichte mit Tradition und Mut zu Neuem in die Zukunft führt. Um Stern und Ehre bemüht sich auch Edip Sigl im *es:senz*. Die Reduktion auf das Wesentliche ist die Devise des jungen Kochs – dafür volle Geschmacksexplosion am Gaumen.

← Noch ein paar Kräuter auf den Rochenflügel ... Michael Schlaipfer in seinem Element

6 **Michael's Leitenberg • Weiherweg 3, 83112 Frasdorf • michaels-leitenberg.de**

7 **Huberwirt • Hofmark 3, 84568 Pleiskirchen • huber-wirt.de**

8 **es:senz im Achental Resort • Mietenkamer Str. 65, 83224 Grassau • das-achental.com/restaurants-bars/essenz**

Ach du grünes Ei
Wo Hennen bunte Eier legen

Ungefärbt, frisch gelegt, mit Wow-Effekt: Was Henne Henni und ihre gefiederten Freunde am Ufer des Chiemsees von sich geben, ist wirklich einmalig. Ihre Eier sind bunt. Von Natur aus. Einige sind mint-türkis, andere rostrot, die nächsten buttergelb oder Blau wie Bayerns Himmel an einem föhnigen Tag. Die Farbeier sind eine optische Abwechslung zum Supermarkt-Weiß und Massen-Braun, die Industriehühner legen. Über Jahre hat Andrea Gschwendner aus Übersee ihre Hennen gekreuzt, damit die Eier bunt auf die Welt kommen. Heute ist in ihrer *Überseer Eierwerkstatt* alles super-natürlich (ohne Bio-Zertifikat, aber mit viel Liebe), sodass oft die eine oder andere gescheckte Feder von den preisgekrönten Hühnern an der Schale klebt. Und das ist gewollt. Mit 40 Cent pro Ei ist es ein bisschen teurer als im Supermarkt, dafür haben es die Hennen hier in ihrem Garten-Stall so gut wie auf keinem industriellen Hof. Topping: Die Gschwendnerin legt Wert auf eine tolle Verpackung. Die Eierkartons in Pastelltönen mit Schleife und Feder verziert sind ein perfektes Mitbringsel, das Freude macht und Lust aufs morgige Frühstücksei. Unbedingt vorher anrufen und anmelden! Am besten seien die Dotter übrigens als »Ei im Glas« zu genießen, sagt die Hennenmama.

Die Tiere leben im Garten, zu fressen gibt es Weizen, Mais, Muschelkalk, Sonnenblumenkerne, Brösel von der Frühstücksbrezn, dazu Gras und Gemüse. Hennen-Anschauen ist zwar nicht immer möglich, dafür wird der Eierautomat an der Einfahrt regelmäßig neu bestückt. Geld in die Kasse legen – Ehrensache!

INSIDER-TIPP
Das perfekte Ei

9 **Überseer Eierwerkstatt • Gröben 22a, 83236 Übersee • überseer-eierwerkstatt.de**

Futtern wie bei Muttern Stuerzers Kohleabend

Vroni Lutz ist eine Frau mit viel Kohle. Diese entfacht sie immer freitags beim Grillabend und lässt sie brutzeln, bis das Iberico-Schwein raucht. Ob Roastbeef, Flanksteak, Entrecôte, Renke, Gambas oder Oktopus: Die Auswahl ist begrenzt, aber vom Feinsten. 2018 hat Vroni den alten Hof in Riedering übernommen, in dem einst schon ihre Urgroßeltern eine bayerische Wirtschaft betrieben. Seitdem hat sich viel geändert, sodass das Restaurant vom Coolness-Faktor her genauso gut in Stockholm oder Kopenhagen stehen könnte: Die Siebträgermaschine sorgt am Morgen für feinen Kaffee zu kreativ belegten Bauernbroten samt Avocado und Ei, hausgemachte Eissorten locken nicht nur kleine Naschkatzen und die wechselnde Abendkarte reicht von Lachs-Burger über Sushi bis zu Auberginensalat und Jahrgangssardinen auf Baguette. Regional, saisonal, von Herzen – so kocht Vroni Lutz und setzt ihre Feinschmecker-Expertise bis ins letzte Eckerl ihrer modernen Wirtschaft fort. Für die Weine ist die Wirtin durch deutsche Lande zum Probieren gefahren und hat nur mitgebracht, was sie selbst gerne trinkt.

Am Grillabend gibt es zu den Fleischsorten und Fischgerichten Gemüse mit so viel Bio, dass es kracht: Von kleinen Gärtnern aus der Region wird das *Stuerzers* beliefert – mit dem, was es je nach Saison gibt, mit Wurzeln und Knollen, Salaten, Beeren und essbaren Blüten. Die Nachfrage ist groß, besonders freitags, also am besten schnell einen Tisch reservieren.

← Ob Fisch, ob Fleisch – einfach guad!

INSIDER-TIPP
Wein-Botschafterin

10 **Stuerzer • Simsseestr. 1, 83083 Riedering •** stuerzer-riedering.de

Interessiert die Bohne Auf einen Kaffee ins Dorf

→ **Ob bei Kava (Foto), Baruli oder Krysa's Koffeinwerk – der Kaffee steht im Mittelpunkt**

»You look good today« **steht am Eingang der Kaffeerösterei Kava in Traunstein.** Das erste Lächeln am Morgen ist also garantiert und mit einem Shot Espresso geht's koffeingeladen in den Tag. Denn die Kreationen von *Kava coffee roasters* können in den Cafés in Traunstein, Rosenheim oder Chieming kleine Weck-Wunder vollbringen. Mit Zitrusnote, Schokolade und Getreideanklängen katapultieren sie Fans in den Bohnenhimmel. Mit gutem Gewissen: Das Team kauft direkt von Kleinbauern aus Peru, Nicaragua, Brasilien, Äthiopien oder Tansania – und ausschließlich aus nachhaltigem und ökologischem Anbau. Für faire Preise an die Farmer gibt es Sorten, die nicht standard sind. Wie Robusta aus Villa Rica, der auf rund 2000 m Höhe im Urwald Perus zu Spitzen-Kaffee reift. Südamerikanisches Flair versprüht Barista Yerson aus Peru, der sich mit sämtlichen Kaffee-Zubereitungsarten und Röstungen bestens auskennt.

INSIDER-TIPP
Hola, qué tal?

Mit flottem Spruch kommen die *Baruli* Röstungen aus Stein an der Traun daher: Ob Survival Mischung, Heavy Metal Mix oder die Hero-Röstung – die witzigen Etiketten geben alles. Selten bei so kleinen Händlern: Ein paar Sorten gibt es auch als Kapsel-Kaffee.

Da Kaffee auch am Abend noch Freunde hat, mixt *Krysa's Koffeinwerk* aus Halfing die Betthupferl-Edition entkoffeiniert an. Schön auch: die Espresso-Mischung »Gipfelstürmer«.

11 **Kava coffee roasters • Stadtplatz 40, 83278 Traunstein • kavacoffee.de**

12 **Baruli • Hauptstr. 1, 83371 Stein an der Traun • baruli-kaffee.de**

13 **Krysa's Koffeinwerk • u. a. erhältlich bei Geschenke-Manufaktur, Bahnhofsplatz 1, 83093 Bad Endorf • krysa-kaffee.de**

Speisen wie die alten Herzöge Urige Biergärten

Erst bei der Feuerwehr vorbei, dann am Maibaum links. So könnte man die Lage dieses Geheimtipps erklären. Zum Glück gibt es heute Navis und so findet jeder sicher in die *Schlosswirtschaft Wildenwart*, einen der urigsten Wirtsgärten des gesamten Chiemgaus, dessen Wurzeln auf 1536 zurückgehen. Der Trachtenverein und die Burschenschaften treffen sich hier auf ihr Helles, vereinzelt finden Städter wegen des sagenumwobenen Gulaschs her. Saftig soll es sein, soßig, würzig, butterzart – und das ist keine Übertreibung. Neben Klassikern wie Schweinsbraten, Truthahnschnitzel und natürlich Fisch aus dem Chiemsee lässt sich die Küche auch leichte Gerichte einfallen: Salat mit Mango und Ziegenkäse etwa. Das Schlossgelände ist heute noch bewohnt: von Herzog Max von Bayern und seiner Familie.

Leben pur findest du im Biergarten des *Gasthauses Hilger*. Unter Kastanien sitzt man urig an kleinen Tischen zusammen. Auf der Wiese können die Kinder toben, während du Schmorbraten, Renke und Apfelküchle genießt.

Den schönsten Blick auf Alpen und See samt Bier hast du vom *Schalchenhof*. Unbedingt probieren: den Kaiserschmarrn nach Omas Rezept! Zum Schalchenhof gehört ein Badeplatz, den Gäste gratis nutzen können.

← Buntes Treiben auf dem Teller und im Garten: Trachtenvereine kommen oft zum Wildenwart

INSIDER-TIPP
Pack die Badehose ein

14 Schlosswirtschaft Wildenwart • Ludwigstr. 8, 83112 Frasdorf • schlosswirtschaft-wildenwart.de

15 Gasthaus Hilger • Hirnsberg 1, 83093 Bad Endorf-Hirnsberg • gasthaus-hilger.de

16 Schalchenhof • Schalchen 1, 83257 Gstadt am Chiemsee • schalchenhof.de

In die Alchemisten-Brauerei Das Rosenheimer Cocktail-Eck

→ Der Weg zur Berufung für Abdul Iqbal: erst Studium, dann Barhandwerk

Das Gute liegt so nahe: Die Kaiserstraße in Rosenheim ist die Shaker-Anlauf-Adresse für alle Cocktailfans. Standards – gibt's nicht. Weder beim Geschmack noch auf der Karte. Selbst der Gin Tonic ist hier eine Interpretation, fernab von Wacholder, Gurke und Schweppes.

Da wäre zuerst das Mini-Cocktailstüberl *Alpentrunk* in der Hausnummer 4. Was Abdul Iqbal auf 11 m² zaubert, gleicht alchemistischer Kunst. Gemäß dem Motto »From farm to table« bringt er Kräuter, Wurzeln, Rinden und Obstsorten der Umgebung ins Cocktailglas. Da trifft dann der Salbei auf Rhabarber, mischt sich Löwenzahn mit Ingwer zu einem süffigen Biercocktail, selbst gepflückte Brennnesseln werden zum Longdrink. Verwertet, vergoren, verzaubert wird, was die Natur je nach Saison gibt. Sogar eine regionale Alternative für Matcha hat er gefunden – wie genau das geht, verrät er nicht ... Dazu gibt es Rotkohlchips oder Laugencracker mit Obatzda-Dip. Wer mag, kann seinen Cocktail zum Feierabend auch to go in der bruchsicheren Flasche abholen, die reicht für zwei. Daheim – oder am Seeufer – braucht's nur noch Eis und los geht's. Bei so viel Ausgefallenem ist der Preis von ca. 6 Euro günstig.

Trinke lieber ungewöhnlich ist auch das Motto in Rosenheims *Lausa Bar*. Davon zeugt schon die große Kräutertheke, die Spirituosen wie hausgemachtem blauem Gin die Schau stiehlt. Probieren? Joghurt Colada!

INSIDER-TIPP
Verrücktes in der Flasche

17 Alpentrunk • Kaiserstr. 4, 83022 Rosenheim • alpentrunk.de

18 Lausa Bar • Kaiserstr. 5, 83022 Rosenheim • lausa.bar

limos. 4,50€ 0,3l

- **rosmarin**
  rosmarinsirup, apfelessig, ingwer, soda, tonic

- **lavendel**
  lavendelsirup, johannisbeergelee, zitrone, soda, tonic

- **safran**
  safransirup, melisse, nelke, soda, tonic

★ auch als gin tonic möglich   + 4,00€

cocktails. 6,50€ 0,2l Alkoholfrei

- **g'sund**
  frischer gurkensaft, staudensellerie, apfel, zitrone

- **der lenz ist da**
  rhabarber, minze, erdbeer-marmelade, holunder, ingwer

- **beerige bauernmilli**
  buttermilch, lavendel, johannisbeere, johannisbeerschaumkrone

[heissgetränke gern auf anfrage]

barfood. 3,90€ hausgemacht

- **apfelchips**

- **laugenchips**
  mit obatzda

- **pickled r... kohlchips**

- **gesalzene ...kornchips**
  mit kräutern

COCKTAIL-KURS
buchen & verschenken

cocktails in flaschen (serviert + 2 drinks)
(alkoholarm) 44,50 €

Grün, grün, grün sind alle meine Speisen
Vegane Foodtour

Gab es früher für Vegetarier in Oberbayern klassischerweise Schneckennudeln oder Salat, sprießen die vegetarischen und veganen Restaurants jetzt wie Schwammerl aus der Chiemgauer Erde. Allen voran das *Strehles*. Dunkle Wände, eine riesige Papierlampe und ein durchdachtes Lichtkonzept lassen eher vermuten, dass man gerade in einen Hipsterladen in London stolpert und nicht in ein Buffet-Restaurant. Optisch etwas her machen auch die Bowls, die sich jeder an der Theke zusammenstellen kann. Neben Rohkost und Saatgut gibt es fertige Feinkost wie Blaukraut- oder Farmersalat. Die Dressings reichen von Essig-Öl über Mango Chili bis hin zu Sommerkräutern.

Urgestein der Gemüseküche im Gau ist die Chiemgauerin *Manja*: Nach dem ersten Veggie-Biergarten der Region ist sie jetzt mit Food Truck und einem kleinen Lokal mitten in Traunstein an der Vegan-Front: Die Mittagsgerichte sind reichlich mit Linsen, Reis, Nudeln, ausgefallenen Soßen und Gewürzen garniert. Hingucker ist aber auch das Restaurant selbst, das mit seinem Rockabilly-Chic ein perfekter Instagram-Hotspot ist.

In ist, wer sich rar macht: Das ist die Devise von *Tropical Station* im alten Bahnhof Traunstein. Nur Donnerstag- und Freitagabend öffnet diese Veggie-Kantine. Die Gerichte rotieren im vier-Wochen-Takt: mal Asia, dann Südamerika, Mittlerer Osten oder Mexiko. Zu jedem Gericht gibt's eine Suppe und Salat für 15 Euro.

← **Modern-vegan ist das Strehles**

← **Im Tropical Station gibts Gemüse mit Umami-Aroma**

19 **Strehles • Herzog-Otto-Str. 8a, 83022 Rosenheim • strehles.com**

20 **Manjas • Haslacher Str. 16, 83278 Traunstein • manjas-cantina.de**

21 **Tropical Station • Bahnhofstr. 31, 83236 Übersee • tropical-station.de**

Sünde, ja bitte!
Kuchen wie von anno dazumal

→ **Zum Kaffee im Hofcafé Utz passt ein Stück Hänsel-und-Gretel-Torte**

Mehr Märchen geht fast nicht. Das *Hofcafé Utz* im Norden des Chiemsees ist ein echtes Kleinod: An dem alten Bauernhof ranken noch Rosenbüsche empor, vor der Scheune sitzen die Gäste auf Bierbänken. Das wahre Wow-Erlebnis befindet sich aber im Inneren des Bauern-Cafés: die Kuchentheke, nein, besser: das große Torten-Theater. Elisabeth Utz und ihre Familie backen nach eigenen Rezepten. Absoluter Renner ist die Hänsel-und-Gretel-Torte. Ein feiner Biskuitboden mit einer Beerenfüllung und Baiser-Haube. Süß, sauer, sahnig, knackig – wie einem Märchenbuch entsprungen. Backmischungen kommen hier nicht in den Ofen: Echte Butter, echte Eier von den eigenen Hennen und selbstgemahlene Nüsse sind Pflicht. Daraus werden dann Haselnusstorten, Eierlikörkuchen oder Apfel-Schmand-Schnitten mit Dinkelmehl. Quark-Streusel mit Pfirsich oder ein klassischer Rotweinkuchen. Auch Kuchen ohne Mehl und Gluten sind im Standard-Sortiment.

Mit Fondant, Zuckerguss und viel Fantasie wird in der *Süßkrämerei in Übersee* gearbeitet – aber nur auf Vorbestellung. Die Tortenwunder werden speziell für jeden Anlass designt und gefertigt.

Im Nu hat auch der *Dorfbäcker Jim & Joe* mit seinen Kuchen, Pralinen und Naked Cakes die Herzen der Chiemgauer erobert. Saftig, lecker, ja: wirklich jede Sünde wert.

INSIDER-TIPP
Extrawunsch erwünscht!

22 **Hofcafe Utz • Lienzing 6, 83257 Gstadt am Chiemsee • utzhof-chiemsee.de**

23 **Überseer Süßkrämerei von Andrea Gschwendner • Gröben 22a, 83236 Übersee • überseer-eierwerkstatt.de/hochzeitstorten**

24 **Dorfbäckerei Jim & Joe • Bahnhofstr. 15, 83253 Rimsting • facebook.com/baeckereijimjoe/**

Tepanyaki à la bavarese Fleisch modern gedacht

Lieber nur halb so viel Fleisch, dafür dreimal so gut: Mit diesem Motto arbeitet *Simsseer Weidefleisch*, eine bei Rosenheim ansässige Genossenschaft, die sich dem Rind in seiner besten Qualität verschrieben hat. Durch Klasse statt Masse, durch Bewusstsein statt Profit. Die Metzgerei vor Ort bietet von Steak bis Wurst alles an, am Abend kannst du dir dein ausgesuchtes Stück Fleisch vor Ort im Wirtshaus braten lassen.

Majestätisch und gleichzeitig knuffig sind die Wasserbüffel vom *Reiserer*-Hof: Das Ehepaar Fini und Matthias Reißaus züchtet diese seit 2013 Jahren auf ihrem Hof bei Jettenbach – mit großem Erfolg. Dazu gesellt sich die einzige urheimische Rinderrasse Bay-

↓ Für den Schutz der Natur aktiv: Weiderinder und Wasserbüffel des Reiserer-Hofs

erns: Das Murnau-Werdenfelser Rind, das sich auf den Feucht-wiesen und Niedermooren zwischen Mühldorf und Altötting so richtig wohlfühlt. Und: Sie werden direkt vor Ort auf dem Hof in ihrer gewohnten Umgebung geschlachtet, um jeden Trans-port-Stress zu vermeiden. Die Büffel lieben die Gaymooswiese im Norden Mühldorfs – seltene Vögel tummeln sich hier ebenfalls. Schau vorbei! Auch mit Kindern klasse!

Jäger aus Leidenschaft und mit jeder Menge Wissen ist Markus Schmid aus Höslwang. Auf 300 Hektar bei Pittenhart kümmert er sich um die Rehe, Fasane, Gänse, Enten und Hasen seines Reviers. Immer an seiner Seite: Weimaraner Blasius von der Salz-achau. Geschossen wird nur, was nötig ist und andernfalls dem Wald schaden würde. Sein *Wildfleisch* verkauft Schmid auf Anfrage von seinem Bauernhaus aus.

25 **Simsseer Weidefleisch • Finsterwalderstr.1, 83071 Stephanskirchen • simsseer-weidefleisch.de**

26 **Der Reiserer • Reiserer 29, 84565 Oberneukirchen • der-reiserer.de**

27 **Wildfleisch Chiemgau • Sonnering 27, 83129 Hösl-wang • wildfleisch-chiemgau.jimdofree.com**

Zum Trinken in den Keller Vinotheken mit Extra-Service

→ Nach der Besichtigung von Innbrücke und Brucktor …

→ … geht's in den Gewölbekeller

INSIDER-TIPP
Glatt gespart

Italien oder Spanien? Rheinland oder Steiermark? Mosel oder Rhône? Wer in der Weinbar *Frau Stelze* nach etwas Bestimmtem sucht, wird wahrscheinlich nicht fündig. Wer dagegen was Neues und Unerwartetes probieren mag, der ist hier bestens aufgehoben. Oberste Devise des kleinen Teams: Ausgeschenkt wird nur, was den Gastgebern selbst schmeckt. Vogelwild ist die Mischung aus Weiß, Rot, Rosé, gepimpt mit einer kleinen Auswahl an Schaumweinen. Viele der Weingüter, die hier angeboten sind, laufen unter dem Großmarkt-Radar. Ab sechs Flaschen gibt es zehn Prozent Rabatt auf den Einkauf.

Wer vor Ort an einem der kleinen Tische oder in den Nischen des Gewölbekellers versacken mag, darf seine eigene Brotzeit und Snacks als Weinbegleitung mitbringen. Oder man greift zu den Jahrgangssardinen, die es in der Vinothek als Grundlage gibt.

Feine Auswahl, große Weine, das funktioniert auch in der *Vinothek Hacker*. Hinter einem Parkplatz ganz unprätentiös gelegen verbirgt sich hier ein großer Fundus ausgefallener Tropfen, kredenzt von einem Personal, das so charmant zum persönlichen Favoriten führt, dass jeder Gast weinbeseelt nach Hause geht.

In Frasdorf wirst du im *Treffpunkt Wein* fündig. Schwerpunkte sind u. a. Bio-Weine und autochthone Rebsorten.

28 **Frau Stelze • Herrengasse 2, 83512 Wasserburg am Inn • frau-stelze.de**

29 **Vinothek Hacker • Anton-Kathrein-Str. 8, 83022 Rosenheim • vinothek-hacker.de**

30 **Treffpunkt Wein • Daxa 8, 83112 Frasdorf • shop-treffpunktwein.de**

From Farm to Table Feinkost vom Bauernhof

So richtig urig wird eine Brotzeit im Freien. Am besten mitten im Wald, am Seeufer oder am Berghang. Den passenden Picknickkorb gefüllt mit Schmausereien stellt die Naturhandwerkerei *Manefaktur* in Blumenkranzerlkörben zusammen. Die Philosophie des Familienbetriebs: »Gutes aus da Natur duad da Seele guad.« Bleibt nur die Frage: Lieber Marmelade »Apfel busselt Ingwer« oder »Löwenzahn«? Oder doch lieber ein Glas Brotzeit-Zucchini vor dem Gipfelkuchen?

← Mitbringsel für einen Hugo-Fan oder die Bar zuhause

Und dann wäre da noch der *Poidl-Laden* in Amerang, ein Genießer-Mekka. Ob Duroc-Schweinswürstel, Limoncello oder Büffel-Mozzarella, dein Abendessen bekommt eine neue Note. Hausgemacht und 100 Prozent Natur ist das »Gelato Bavarese« von Klaus, der hier eine Verkaufstheke hat.

INSIDER-TIPP
Eis, Eis, Baby

Einkaufen von der Alm geht jeden ersten Freitag im Monat am Marktstand *Guads von do*. Kürbiskern-Knofi-Creme, Aprikosen-Chutney, Wildwürste: Du wirst dich zu gern versündigen. Neben hausgemachten Broten, Kuchen und Hefezöpfen gibt es Camembert, Topfenwölkchen und Almbutter, dazu Gulasch, Bolognesesoße und Rindssuppe. Der Salzberg, der für seine dunkle Nazi-Vergangenheit bekannt ist, strahlt durch das engagierte Team in freundlichem Licht.

31 **Manefaktur von Familie Gottschalk • Grafinger Str. 17, 83224 Grassau • instagram.com/_manefaktur_**

32 **Poidl • Frabertshamer Str. 1, 83123 Amerang • feinkost-poidl.com**

33 **Guads von do • Markt auf dem Weihnachtsschützenplatz, 83471 Berchtesgaden • instagram.com/guads_von_do**

Mahl-Zeit Brotbackkurse in der historischen Mühle

→ Nach dem Backkurs kannst du dein eigenes Brot mit nach Hause nehmen

Wasser, Mehl und Geduld. Mehr braucht Müllerin Anneli Wagenstaller nicht für ihr Handwerk. Mit 22 Jahren hat sie als jüngste Müllerin Deutschlands angefangen, heute, über 30 Jahre später, ist sie eine Koryphäe auf dem Handwerksgebiet des Brotbackens.

Doch dieser Titel ist gar nicht so wichtig. Entscheidend ist: Sie gibt den Laiben eine Art Seele zurück: Mit Ruhe, Know-how und einer Liebe zum Produkt, die einzigartig ist. In ihren Backkursen lernt ihr nicht nur, was ein Sauerteigbrot so wertvoll macht, wie der Laib schön aufgeht und der Hefezopf fluffig gelingt. Ihr erfahrt auch, was Mehle voneinander unterscheidet, welche Qualitäten es gibt und was der Unterschied zwischen Supermarktware und Müllerinnen-Schrot ist. Dazu gibt es Geheimtipps wie diesen hier: Ein paar Pinselstriche Espresso machen die Brotkruste schön dunkel und resch (knusprig).

Seit 1927 ist die alte *Wagenstaller Mühle* in Familienhand, war damals schon über 1000 Jahre alt. Ein Kursort also mit einem riesigen Stück bayerischer Geschichte. Seit ein paar Jahren klappert das Mahlwerk auch wieder am rauschenden Bach: Ehemann Franz Wagenstaller hat als Restaurator seiner Müllerin eine originalgetreue Mühle mit Wasserrad an den Fellbach gebaut. Mühltag ist jeden Tag – Griabigkeit pur!

In familiärer Atmosphäre finden Anneli Wagenstallers Backkurse statt. Während der Teig geht, der Zopf im Ofen meditativ vor sich hin backt, serviert sie eine kleine Brotzeit – und ihr wollt nie wieder anderes Brot essen. Beim Abstecher in den Mühlenladen könnt ihr euch mit Mehlen und vielem mehr für das nächste Backevent daheim eindecken.

 Wagenstaller Mühle • Obermühl 49, 83083 Riedering • wagenstallermuehle.de

Kunst & Kultur! Zum Gucken. Zum Machen. Zum Mitmachen. Und manchmal auch zum Kaufen. Im Museum oder an der frischen Luft. Wo Gastro- und Filmkultur sich treffen und wo kräftig upgecycelt wird. Wo Geschichten in Silber erzählt werden und Schneidebretter Kunstwerke sind. Hier gibt's jede Menge kreativen Input!

Die kreativen Orte

Kunst & Kultur
von gediegen bis hip

Feines und Kunst
Auf eine Limo im LadenBergen

→ **Wie einst bei Tante Emma: stöbern, kaufen, Schwätzchen halten**

INSIDER-TIPP
Hoch die Hände, Wochenende!

Sachen gibt's, die kannst du dir nicht ausdenken. Wie etwa einen Limoladen mitten auf dem Land. Andreas Auer hat sich das getraut und ist mit seinem Shop wahnsinnig erfolgreich. Denn: Der *LadenBergen* im Ortskern des Dörfchens Bergen ist so viel mehr als »nur« eine fein zusammengestellte Drink-Sammlung. Er ist Treffpunkt, Kreativwerkstatt, Anlaufstelle, Einkaufsparadies, kurzum: ein Tante-Emma-Laden 2.0 im allerbesten Sinne. Hier gibt's vieles aus der Region, die Produkte sind kaum in Supermärkten zu bekommen und alles andere als alltäglich. Dazu verkauft Andreas Auer nachhaltige Kleidung, Bücher, Aquarelle aus dem Gau, veranstaltet Musikabende, Lesungen, Piano-Stunden und Swing-Kurse. Jeden zweiten Freitag im Monat gibt es auf dem Kleinen Dorfplatz den kleinen Markt mit Biodrinks und Livemusik. So startest du relaxt ins Wochenende.

Oberste Prämisse: Andreas Auer, der selbst 25 Jahre als DJ auflegte, verkauft nur, was er selbst mag. Die Holzkisten sind mit Raritäten gefüllt, die alten Drogerieregale mit besonderen Kaffeeröstungen, Teemischungen und eben Softdrinks. Aber nix Rhabarber: Ananas-Minze oder Latschenkieferlimo stehen bei den Kunden hoch im Kurs – wenn es etwas mehr Umdrehungen haben soll, dann greif zum Anderl Bockbier. Überraschendes findest du in jeder Ecke, sei es die Männergesichtscreme der Chiemgau-Marke »Beyer's Oil«, eine Brownie-Backmischung von Chiemgau Korn oder die »Cashjuhu«-Creme von Brandgut. Ein Faible hat der Chiemgauer für Bioprodukte. Kann man sich nicht ausdenken. Kann man nur erleben.

① **LadenBergen • Dorfplatz 7, 83346 Bergen • Di, Mi geschl. • Facebook: ladenbergen**

Antiquitäten nach Maß Erlege coole Vintage-Schnäppchen

Diese kleine Geschichte handelt vom Suchen und Finden alter Dinge. Seit elf Jahren kann Lala an keiner offenen Garage vorbeigehen, ohne neugierig hineinzuspähen. Vintage-Dinge aus den 50er- und 60er-Jahren haben es ihr besonders angetan. Knallige Drucke und fröhliche Werbeschilder mischt sie mit alten Bauernmöbeln und Art-déco-Stücken zu einem Mix, der Lebensfreude versprüht. Badezuber, Spiegel, Sonnenschirme mit Prilblumen, Spanschachteln, Holzkarten, Schnupftabakdosen und frisch renovierte Stühle tummeln sich in ihrem kleinen Laden *Lala-Land*. Aus alten Schubladen designt Lala hübsche Regale für Küche, Bad, Büro. Altes ist nicht alt, sondern Vintage: Unter diesem Motto upcycelt die Ladenbesitzerin besonders gerne weggeworfene Alltagsgegenstände zu einzigartigen Lampen.

Shabby chic im besten Mode-Sinn bietet auch der Laden *Mina Wohnen und Mehr* an. Ob Servietten, Tischdecken, Geschirr, Spielzeug, Karten oder Untersetzer: Mit viel Liebe zu Details und mädchenhaftem Stil hat die Chiemgauerin ihren Laden bestückt. Geschenke? Findest du hier immer!

Das beste von niederländischen und belgischen Flohmärkten bietet die *Villa Seidl*. Neben vielen Kleinigkeiten werden in dem Einrichtungsladen auch Schränke, Tische und sogar alte Anker verkauft …

← Stöbern im Lala-Land ist eine echte Zeitreise

INSIDER-TIPP
Schubladendenken

2 **Lala-Land • Hauptstr. 25, 83352 Altenmarkt an der Alz • Instagram: lala_land_altenmarkt**

3 **Mina Wohnen und Mehr • Grassauer Str. 33, 83236 Übersee • Instagram: mina_wohnen_und_mehr**

4 **Villa Seidl • Bahnhofstr. 172, 83346 Bergen • facebook.com/villaseidlshowroom**

Total von der Rolle
Der Filmgenuss-Abend im Fichters

→ **Bayerische Komödien genießt du beim Biomenü in guter Gesellschaft**

Ein guter, spannender Film und dazu das passende Schlemmermenü: Beim Genussabend im *Fichters* kommt zusammen, was früher schon mit Schnittchen und Gurkensalat vor dem Fernseher begann: Essen und Kultur, Genuss für Geist und Körper.

Immer wieder donnerstags gibt es einen Kultfilm und dazu ein passendes Drei-Gänge-Menü, das Speisen von der Leinwand zitiert oder zumindest in die Fantasiewelt des Films entführt. Start ist um 19 Uhr, es wird geschmaust und geschaut, geschlemmt und gestaunt – natürlich auch gelacht und geratscht. Auf den Teller kommen Speisen in Bioqualität, auf die Leinwand Filme wie »Die Blume von gestern«, »Weißbier im Blut« oder »Die Göttliche Ordnung«. Klassiker und Heimatliches wechseln sich ab, dafür arbeitet die Genusswerkstatt mit dem Utopia-Kino zusammen. Am Ende des Filmgenuss-Abends bleibt ihr auf jeden Fall gerne noch auf einen Drink »in der guten Stube« sitzen, debattiert über Plot und (Happy?) End, genießt die Atmosphäre und den vollen Spinatknödel-Bauch.

Wer lieber tagsüber vorbeischaut, findet freitags und samstags im Laden des Fichters Frühstück, Kaffeespezialitäten sowie eine kleine Boutique zum Klamotten-Shoppen. Auch Konzerte mit renommierten Bands wie den Well Brüdern oder Dreiviertelblut gibt es: Im Sommer ist das Musikprogramm »Freiluft Kultur« im Biergarten pickepacke voll. Was gerade für ein Film – oder für ein Konzert-Special – ansteht, erfahrt ihr auf der Homepage.

 Fichters • Lorettostr. 11, 84437 Reichertsheim • fichters.bio

Kramerwirt

Kleinkunst für Anfänger Kabarett im Kramerwirt

Der Michael hatte hier einen seiner ersten Auftritte. Der Mittermeier Michael. Und die Kinseher Luise war auch schon da, als sie fast noch keiner kannte. Ebenso die Eixenberger Christine, der Zinner Stephan, der Schleich Helmut und der Giebel Andreas. Auch sonst findet sich seit den 80er-Jahren bei Hubert Schlemer, von allen nur Hubbi genannt, die nächste Generation der Kabarettisten, Komiker und Kleinkünstler ein. Seine Bühne im *Kramerwirt* von Bad Endorf ist so etwas wie eine Kaderschmiede für den Nachwuchs, für Hippies, Kreative, Musiker, Rocker und Freigeister. Überfüllung ist hier oft Normalzustand: Fans des schwarzen Humors und des hochgeistigen Witzes drängen sich in der Wirtsstube über ihrem Hellen, um zu sehen, wer der nächste große Star werden könnte – oder um einfach nur einen urigen Abend zu haben. Donnerstags ist Stammtischtag. Da sitzt man zam und ratscht über den Klatsch am Chiemsee bis tief in die Nacht.

Dabei würden die Legenden um den Hubbi schon reichen, um ein Buch zu füllen. Geben tut's ihn schon immer, sagt man und erzählt, dass der Bühnenleiter und Wirt selten bis nach Rosenheim fährt, weil er das schon als Weltreise empfindet. So kommt eben die Welt zu ihm. Neue Talente finden ihn mehr, als dass er sie sucht: Anfragen für Auftritte hat er immer. Übrigens: Die gute Stube wurde vor 500 Jahren gebaut, eine echte Rarität also. Das Leben geht hier seinen Gang: Autogramme, Bilder und Andenken tapezieren die Wände. Wer hier nicht hängt, der ist kein echter bairischer Kabarettist, mag man fast sagen. Der Hubbi selbst gehört auch dazu: Er schreibt Stücke und Provinzkomödien. Während der Pandemie ist die Kneipe geschrumpft. Essen gibt's keins, dafür ein kaltes Bier, Nüsschen und eben jede Menge zum Erleben.

← Hubbi in seinem Element

← Zugang zur guten Stube – und vielleicht zur großen Karriere

INSIDER-TIPP
Klatsch am See

6 **Kleinkunst im Kramerwirt • Ledererberg 5, 83093 Hemhof bei Bad Endorf • hubbi.net • Eintritt: 13–16 Euro**

Runde Geschichte
Ringe, die ein Leben erzählen

→ Sabine Gregg beim Modellieren von Erinnerungen

Ein ganzes Leben in ein paar Symbolen, eine große Liebe in einem Spruch: Schmuckdesignerin Sabine Gregg erzählt Geschichten in Silber – mit viel Liebe zum Detail und viel Leidenschaft für die Menschen, die ihren Weg in die Werkstatt *Schmuckbekenntnis* in Aschau finden. Hier designt sie euch Geschichtenringe. Jeder ist so individuell wie der Mensch, der ihn trägt. Ein Herz und ein Berg, ein Autokennzeichen, Initialen, Kinderfüße oder Blumen – es gibt unzählige Möglichkeiten, die Silberringe zu gravieren. Ähnlich wie beim Lebensweg werden aus Episoden Geschichten, aus Geschichten ein Ring, aus dem Ring eine Verbindung zwischen Gebenden und Beschenktem. Damit schafft sie ein Band, das nicht nur bindet, sondern vor allem den Träger erinnert: An einen Moment, eine Liebeserklärung, einen Ort oder einen besonderen Tag.

»Lass jeden Tag dein Impuls sein«, ist ihr Motto, nach dem sie Gefühle modelliert. Die kleine Schwester der breiten Geschichtenringe sind ihre sogenannten Impulsringe. Dafür werden mit Schreibmaschinenbuchstaben oder kleinen Symbolen die Silberkunstwerke verziert.

Wem kein Gedanke kommt: Mithilfe eines Wortepuzzles kannst du die ersten drei Worte ankreuzen, die dir ins Auge stechen – es sind meistens Dinge, die dich gerade beschäftigen oder die Inspiration für ein neues Wort liefern. In Sabine Greggs Kursen fertigst du deinen eigenen Motivationsring. »Kopf hoch« »Papperlapapp«, »Mehr Meer« – was ist dein Impuls?

INSIDER-TIPP
Sei dein eigener Coach!

 Schmuckbekenntnis • Kampenwandstr. 12, 83229 Aschau im Chiemgau • schmuckbekenntnis.com

Stube für Musikfans
Lass es im Plattenzimmer klingeln

Wo ein Wille, da ein Weg: Das *Plattenzimmer* Altötting sollte es eigentlich gar nicht mehr geben. Denn – wer kauft noch Platten? Anscheinend genau solche Menschen, die sich für etwas einsetzen. Mit einem Verein wurde 2016 der alte Plattenladen finanziell gerettet. Seitdem ist der Laden voller Vinyl zu einem Treffpunkt in der Stadt geworden, die sonst für ihre schwarze Madonna weltberühmt ist. Plattencafé will der kleine Store sein, oder auch eine Art Wohnzimmer für Fans von guter Musik. Kurzum: eine Oase für Plattenfans. Ausdrücklich erwünscht ist es, in die Platten rein-

zuhören und sich dazu ein Getränk aus dem Kühlschrank zu nehmen. Denn hey: Auch Vinyl kauft man nicht (nur) nach Cover!

Von alten Klassikern bis zu Alternative Rock, von Jazz bis Punk, von Electro bis Heavy Metal bietet das Plattenzimmer ein breites Spektrum an Genres. Einzige Einschränkung: Hier ist schlagerfreie Zone! Über 5000 Scheiben findest du aktuell im Sortiment, neu und auch gebraucht. Ein paar echte Schmankerl dürfen natürlich nicht fehlen: Die ehrenamtlichen Macher lassen immer wieder Bands, die ab und an vorbeikommen, signieren. Etwa die Punk-Rocker von »The Devils« oder die Psychdelic-Rock-Band »Colour Haze«.

Da Musik mehr in den Abend als in den Tag gehört, öffnet das Plattenzimmer erst freitags und samstags um 16 Uhr und bleibt dank Ausschankgenehmigung bis 22 Uhr geöffnet. Wer großes Glück hat, bekommt sogar richtig was auf die Ohren: Hin und wieder geben Bands hier auch Konzerte. Darauf ein Graminger Weißbräu – natürlich auch aus Altötting.

8 **Plattenzimmer • Trostberger Str. 45, 84503 Altötting • plattenzimmer.com**

Hier steckt Chiemgau drin Schöne Concept Stores

→ Schuhe und mehr im Shoe Company-Laden, ...

→ ... edles Cashmere im Amon Store

INSIDER-TIPP
Der besondere Löffel

Zum Shopping ab in den Chiemgau – das hättest du nicht unbedingt erwartet, oder? Doch zuletzt haben sich ziemlich coole Concept Stores um den See angesiedelt. Viele Produkte sind »Made in Chiemgau«. So wie die Cashmere-Ware vom *Amon Store* Prien. Die fair und lokal produzierten Kleidungsstücke sind so modern wie zeitlos, so schlicht wie exzellent. Gefertigt wird noch auf Handstrickmaschinen. Dazu hat die Boutique sich nach und nach um das Thema Green Fashion wie von selbst erweitert: Angeboten wird Ware von 73 Marken wie »Veja« oder »Armedangles«, dazu Kerzen, Seifen, Kosmetik – sowie Espresso und Kuchen an der ladeneigenen Bar. Heiß begehrt sind die handgefertigten Schuhlöffel aus Holz – jeder ein Unikat.

Mit viel Liebe und exklusiver Auswahl arbeitet auch Sophie Lumpe im *Shoe Company* Concept Rosenheim. Mit ihrem Laden will sie Mode wieder mit allen Sinnen erlebbar machen. Was mit Schuhen und Mode anfing, hat sich über Sonnenbrille, Feinkost, Bücher und Reisetaschen zu einem Mekka für Kunden mit besonderem Näschen gemausert. Viele der Marken verkauft sie exklusiv im Chiemgau – und hat ein gutes Auge, welche wilden Muster am besten zusammenpassen. Das Sortiment bleibt immer spannend.

Im *Mitter Store* stellen lokale Designer ihre Produkte im Wechsel um. Egal, ob Holzgedrechseltes, Handtaschen, Keramik oder Damenmode – in jedem Stück steckt ein Stück Chiemgau drin.

9   **Amon Store • Wendelsteinstr. 2, 83209 Prien • amon.store**

10   **Shoe Company • Salinstr. 1, 83022 Rosenheim • shoecompany-concept.de**

11   **Mitter Store • Ludwigplatz 26, 83022 Rosenheim • mitter.store**

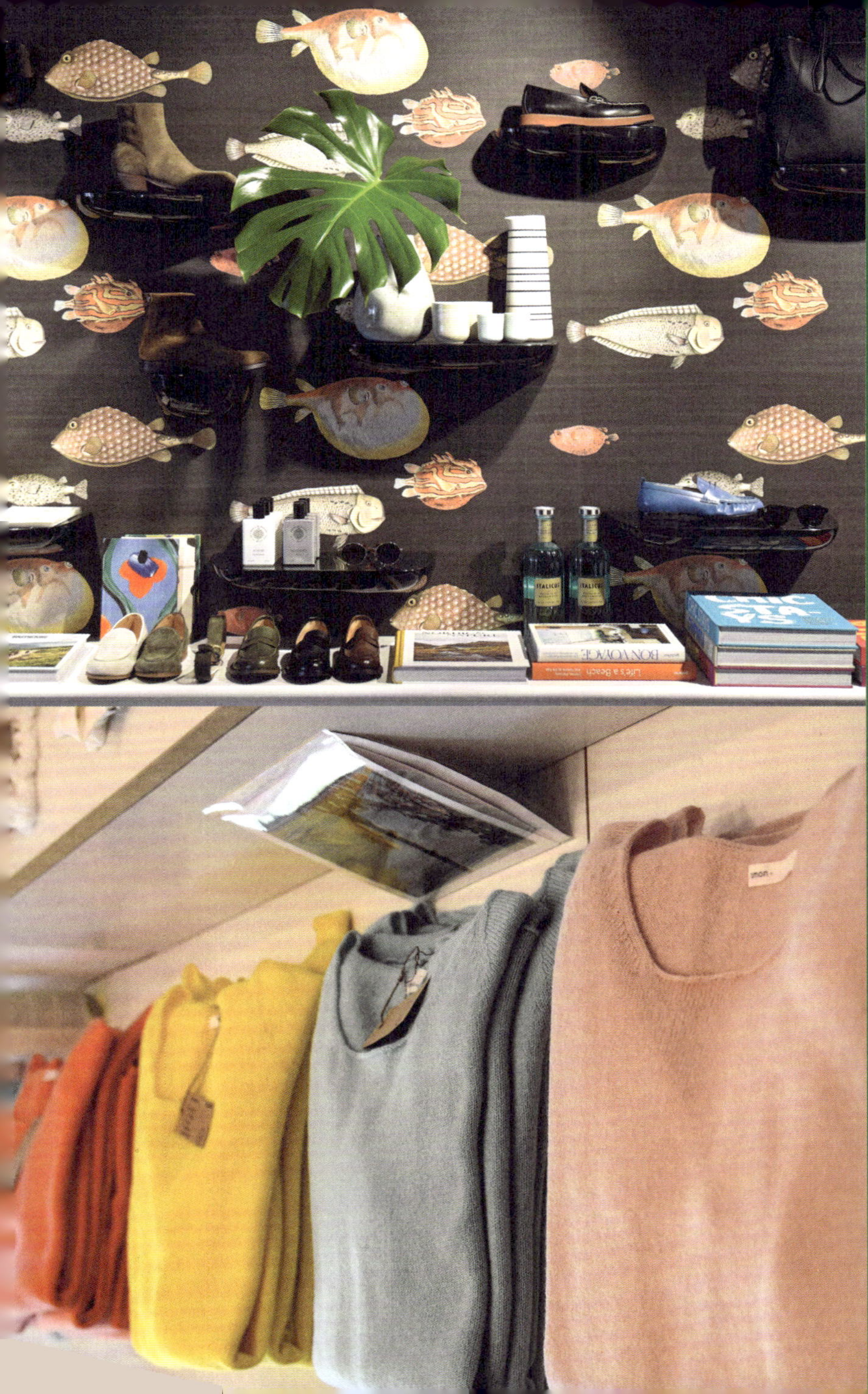
ITALICUS

Täusch dich ruhig
Schneidebretter wie Kunstwerke

Diese Bretter sind einfach der Hingucker. Immer und immer wieder. Was Jung-Schreiner Felix Picherer in seiner kleinen Werkstatt aus Hölzern kreiert, ist ein optischer Wahnsinn: Er fertigt Schneidebretter, die wie Täuschungen à la M.C. Escher funktionieren – das ist der Grafiker, dessen Treppen ins Nirgendwo führen.

Doch zurück zu Felix Picherer: Was für den Informatiker als Hobby begann, hat er mit den *Chiemgauer Schneidebrettern* zu einem findigen Geschäftsmodell entwickelt. Aus regionalen Hölzern wie Eiche, Ahorn, Zwetsche, Apfel und amerikanischem Nussbaum klebt er nach 3D-Muster-Vorlagen, die das Auge staunen lassen, hochwertige Schneidebretter. Aus mehreren Streifen Holz klebt und presst er die Muster dann auf großer Fläche. Nach mehreren Tagen Arbeit entstehen daraus sehr robuste Küchenbretter, die jahrzehntelang halten. Auf ihnen kannst du Kräuter hacken, Fleisch parieren oder Käse anrichten.

Ein Highlight in der Küche geben sie definitiv auch her. Die Bretter sind wie aus einem Guss und mit Distelöl von der Ölmühle in Garting eingelassen – das macht sie wasser- und weitgehend kerbenfest. Seine Hölzer findet der Handwerker zum einen bei großen Manufakturen, aber auch in Gärten von alten Bauernhäusern. Hat er einen solchen Fund gemacht, verarbeitet er das Holz zu neuen Brettern, die klassischerweise 40 mal 60 cm groß und 4 cm dick sind – Sondermaße sind aber jederzeit machbar.

 Chiemgauer Schneidebretter • Anning 7, 83368 St. Georgen • chiemgauer-schneidebretter.de

Das hat sich gewaschen Siede deine eigene Seife

→ Auch ein Hingucker: natürliche Rohstoffe, in Bioseife verwandelt

Biokosmetik ist so was von im Trend! Und am schönsten ist es, wenn du sie selbst herstellst. Dafür sorgt Andrea Illguth von *Treffpunkt Grün* mit ihrer Seifensiederei. Auf einem renovierten Gehöft irgendwo im Nirgendwo um's Eck vom Chiemsee presst sie naturbelassene Seifen für Körper, Hände und auch Haare. Ihre Mini-Manufaktur ist eine One-Woman-Show, Kräuterwissen, in ihren Kursen sprudeln Kraft und Kreativität nur so aus ihr heraus.

Jeder Kurs beginnt mit einer Wanderung über die unberührten Bio-Wiesen, angrenzend an ein Naturschutzgebiet. Schnell tauchst du tief in einen bislang unbekannten Kosmos ein, den die Kräuterfee Andrea dir mit viel Humor und Leidenschaft nahebringt. Bei den Geschichten über altes Brauchtum, beim Lauschen, wenn sie ihr Wildkräuterwissen weitergibt, beim Wandern über Wurzelpfade und Pflanzenwege, entschwindest du langsam, aber sicher dem Alltagsstress. Nach dem Finden, Sammeln und Ernten geht's zurück in die Manufaktur.

Johannisbeerknospen, Brennnessel, Wildkräuter und Wurzeln verarbeitet ihr in dem Tageskurs zu Seifen, die sich gewaschen haben. Denn jede kann mehr als nur sauber machen. Sie kann peelen oder Feuchtigkeit spenden, kann beleben oder beruhigen, Stress abbauen oder raue Stellen in butterweiche Haut verwandeln. Komplett ohne Zusatzstoffe kommen die kleinen Wunder-Briketts aus. Hausgemacht sind die Energiebällchen mit Gelee royal. Zugreifen! Funktioniert besser als jeder Espresso!

Neben Seifen steht eine breite Kollektion an Pflegeprodukten, Brotbackmischungen, Wildfrüchteriegeln und saisonalen Sirupen für dich zum Aussuchen bereit.

INSIDER-TIPP
Gib dir den Kick!

13 **Seifensieden bei Treffpunkt Grün • Obereggerhausen 1, 83355 Grabenstätt • treffpunkt-gruen.de**

Male deine Erinnerung Urban Sketching im La cuna del arte

← Lehrer Gris beim Urban Sketching

Bringe mit Stift und Farbe deine schönsten Erinnerungen aufs Papier – das ist Urban Sketching. Den Trend aus Berlin kannst du im *La cuna del arte* bei Rosenheim in einem Wochenend-Workshop erlernen. Worum es geht? Vor Ort zu sein, das Gesehene und Erlebte in Details und Ausschnitten in den Skizzenblock zu bringen. So schaffst du ein Reisetagebuch voller Erinnerungen, Erlebnisse und individueller Momente. Sei es das schmiedeeiserne Schild einer Eisdiele, die Blumenkübel vor einem Fenster oder das Losmachen der Segel mitten auf dem Bayerischen Meer. Die Skizzen werden vor Ort mit lockerem Bleistiftstrich angedeutet, dann mit einem minimalistischen Aquarell-Kasten eingefärbt. Urban Sketching, so sagt Lehrer Gris, ist eine entschleunigte Art, die Welt zu sehen – und sie so intensiver, detailgetreuer wahrzunehmen. Der Erinnerungswert durch das intensive Beschäftigen »en detail« ist dabei um ein Vielfaches höher als bei einer Fotografie. Am Ende – und das ist das Besondere dieser Kunst – wird die fragmentierte Momentaufnahme auf Instagram hochgeladen und unter #urbansketching mit der Community geteilt.

Der Zeichen-Workshop ist nur eine von zahlreichen Kunst- und Kreativschulungen, die das Zentrum »La cuna del arte« anbietet: Ob Kalligrafie, malen wie Escher oder Fotografie – hat es mit Kreativität zu tun, wird es in der alten Villa unterrichtet. Keine Scheu: Die Anfängerquote ist hoch, die der Wiederholungstäter in den Fortschrittskursen auch. Motto ist: Jeder kann was aus sich machen, du musst nur den ersten Pinselstrich wagen.

 La cuna del arte • Rohrdorfer Str. 180, 83071 Stephanskirchen • lacunadelarte.de

Welke Nelke Erlebe Blumen-Deko neu

Blüten sind mehr als nur ein Stück Natur. Sie sind wahre Kunst in den Händen von Ute Kraus. Was sie aus Blumen, Kräutern, Blättern und Zweigen zaubert, sind *Naturgestaltungen*, kleine Momente für die Ewigkeit. Da wären Lavendel-Rispen, die zu Herzen werden, Blätter, die als Wachslichter Muster ins Dunkel zaubern, Wildkräuter, die sich zu Kränzen winden und Blüten, die wie Malerei wirken. Ihre Kunstobjekte findet die Naturgestalterin rund um den Chiemsee. Jede Jahreszeit bietet ihr etwas an, im eigenen Garten hat sie ihre liebsten Zöglinge kultiviert. Im Winter veranstaltet Ute Kraus einen kleinen Kunstmarkt in ihrem Garten (Termine auf ihrer Homepage).

Dem Kreis der Jahreszeiten folgen viele der Naturbilder optisch. Kringel, Spiralen, Kreise und Ellipsen runden das Gemachte sprichwörtlich ab. Das Thema Unendlichkeit beschäftigt die Gestalterin immer wieder – genauso wie Nachhaltigkeit. Diesem Trend folgen vor allem ihre Kreationen aus Trockenpflanzen. Nur mit etwas Draht und einer Gartenschere bewaffnet formt die Künstlerin Dekoobjekte im schönsten Bohèmien-Stil, die sich über Jahre halten. Anders als vielen Floristen ist ihr die Schlichtheit besonders wichtig: Ein Kranz muss nicht üppig sein, sondern filigran-reduziert.

Ranunkel dir einen, heißt es bei *urbane floristik* und Pia Danzer: Die Floristin im Herzen Wasserburgs ist eine Künstlerin, wenn es darum geht, aus ein paar Blumen einen ganz besonderen Strauß zu machen. Mit Szene-Materialien wie Eukalyptus, Ananas und Trockenblumen kreiert sie wahre Blumenwunderwerke. Bei Insidern beliebt: der Strauß der Woche in unterschiedlichen Größen.

INSIDER-TIPP
Wo die Pflanzen blühen

→ Dekokränze aus Blüten, Ähren und viel Liebe

→ Ute Kraus formt Lavendelherzen, die herrlich duften

15 Naturgestaltungen • Hubertusstr. 22b, 83071 Stephanskirchen • naturgestaltungen.de

16 urbane floristik • Marienplatz 16, 83512 Wasserburg • pia-danzer.de

Moderner Dreh
Zeitlose Keramik mit Tradition

Keramik gehört zum Chiemgau wie die Fischer auf den See.
Seit 1609 wird in der Region Feines aus Ton gefertigt, vor allem
auf der Fraueninsel. Viele haben das Handwerk noch von ihren
Großeltern gelernt. Doch auch außerhalb der Insel tut sich was im
Lehmgewerbe. Bewährtes erhalten und doch dem Zeitgeist ent-
sprechend Modernes schaffen, darum geht es in der Töpferei
Dørfkind. Im ehemaligen Pferdestall des Klosters Höslwang wird
gedreht, modelliert und glasiert. Stöbern macht hier Spaß, nicht
nur wegen der Farben und Formen, sondern auch wegen des
beruhigenden Dufts von kaltem Ton und warmem Holz, der durch
die Werkstatt wabert. Der Ton ist greifbar, aber eben auch erlebbar
und macht jedes Stück besonders. Ihren Fokus legt Manuela Hol-
lerbach vor allem auf Alltagskeramik: Butterdosen und Brettchen,
Tassen und Teller, Brotdosen und Müslischalen. Die Glasuren
sind dezent in Rosé, Schwarz, Salbei und Beige gehalten, sodass
verschiedenfarbige Stücke sich trotzdem gut kombinieren lassen.
Und: Sie sind spülmaschinen- und ofenfest!

Selbst kreativ werden kannst du in der *Mal mal Küche*. Espres-
sotassen, Teebecher, Schüsseln, Schalen und jede Menge Dinosaurier und Einhörner hält die Werkstatt bereit. Mit Farbe, Stem-
pel, Pauspapier, Bordüren und Deko-Zeug rückst du den
Rohlingen zu Leibe. Bei 1000 Grad werden sie gebrannt, die Ware
wird dir dann nach Hause geschickt.

← Blick in den Dørfkind-Werkstatt

INSIDER-TIPP
Kreationen für die Küche

 17   **Dørfkind Keramik & Wohnkonzept • Kirchplatz 3c, 83129 Höslwang • dorfkindkeramik.de**

 18   **Mal mal Küche • Hauptstr. 47, 83324 Ruhpolding • malmalkueche.de**

Chiemgaus next Topmodel Spaß in der Fotobox

Großer Spaß zum kleinen Preis: In der XXL-Fotobox von Rosenheim erlebst du mit deinen Freunden ein wahres Feuerwerk an Kreativität. Statt wie früher im Bilderautomaten kleinformatige Schnipsel ausgespuckt zu bekommen, bist du hier als echter Fotograf gefragt. Ohne Inszenierung geht nichts! Schnapp dir Pappschilder, verkleidet euch, tanzt oder setzt euch in Pose, dass Heidi Klum neidisch wäre. Zum Glück gibt es vor Ort in dem Studio mitten in Rosenheims Innenstadt jede Menge Perücken, Federboas, Brillen, Nikolausmützen, Zylinder, Luftballons oder Glitter-Flitter-Konfetti, die aus einem normalen Foto eine Erin-

↓ In diesem Studio bist du der Fotograf

↓ Kein schlechter Moment für den Druck auf den Auslöser!

88

nerung für die Ewigkeit machen. Oder schmeiß ein Motto-Shooting, eine Vintage-Session, ein Back to the 80's Special … Lass die Phantasie spielen und bringe Zauber in die Bilder. Was dir hilft: Die gute Soundanlage von *Press the button*, die dich und deine Clique, beste Freundin, Kinder oder Großeltern in die richtige Stimmung versetzt. Wer mag, kann für das 20-minütige Shooting schon daheim eine musikalische Playlist anlegen, die euch dann über die Soundanlage um die Ohren donnert. Dir fehlt eine Idee? Kein Problem, das »Press the button«-Team hat unzählige Tipps und Anregungen parat. Alles, nur nicht langweilig, sind die Fotominuten. Und sollte mal etwas schief gegangen sein – Stichwort: schräger Blickwinkel – hilft ein Experte mit coolen Effekten und neu gesetzten Fotoausschnitten nach, um deinen Traum vom perfekten Fun-Bild zu verwirklichen. Die Fotobox fasst bis zu zehn Personen, von Baby bis Senior. 20 Minuten kosten 39 Euro, eine Stunde 117 Euro. Bitte unbedingt vorher auf der Website Termine buchen!

 Press the button • Herzog-Otto-Str. 8a, 93022 Rosenheim • pressthebutton.net/Deutschland/rosenheim

Mit Füßen getreten
Ein Teppich, zum Fliegen gemacht

Die Fäden des Chiemgaus – hier am Simssee laufen sie zusammen. Die Familie Licht fertigt Teppiche noch in Handarbeit. In der *Simssee-Handweberei* werden dabei vom Großvater bis zum Enkel alle eingebunden, die weben können und wollen. Auf alten Webstühlen werden Schaf- sowie Alpaka-Wolle und mitgebrachte Wollreste von Kunden verarbeitet, sodass jedes Stück einmalig ist. Entworfen wird mit den Fachleuten vor Ort: Mit genauer Farbwahl, Mustern, Stärken und Struktur. Sondergrößen und ausgefallene Formen – kein Problem. Zwischen Wollknäulen und dem Surren der Webmaschinen entsteht Teppich für Teppich. Große Werkbänke und immer mal wieder umherfliegende Flusen beweisen: Hier wird noch von Hand geschafft. Vor allem Naturfasern kommen zum Einsatz, aber natürlich ist viel mehr möglich. So vergleicht die Weber-Familie die Herstellung eines Teppichs mit der Komposition eines Liedes: Der Kunde mit seinen Vorstellungen – das ist die Melodie, die erklingt. Die Weber – das sind die Instrumente, die aus einer Idee das fertige Stück komponieren und auf die Bühne bringen, also in dein Wohnzimmer.

Klassiker sind die Schafwollteppiche, die tatsächlich von Natur aus schon in unterschiedlichen Farben daherkommen: Coburger Fuchs, Steinschaf, Juraschaf, Tiroler Bergschaf – diese heimischen Schafrassen liefern die Wolle. Soll es doch mal knalliger sein, lässt die Familie Licht Neuseelandwolle mit Wollfarbstoffen einfärben. Total im Trend ist es, eigene Stoffreste mitzubringen, die dann verarbeitet werden. So entstehen die beliebten Fleckerlteppiche. Bei ihnen wird upcycelt, also aus Resten ein neuer Stoff zusammengesetzt. Das ist nachhaltig, bunt und auf jeden Fall ein Unikat.

← Jeder Teppich ist ein Unikat – für's Wohnklima ein Plus

 Simssee-Handweberei • Hofgartenstr. 9, 83071 Stephanskirchen-Waldering • lichtteppich.de

Kunst aus Stein und Gut Ruhe finden in Chiemgaubildern

→ Die Farben, Oberflächen, Formen und das Licht in Barbara Nedbals Kunst ziehen dich in ihren Bann

Es ist die Zeit, die in den Kunstwerken von Barbara Nedbal verborgen liegt. Mit einer besonderen Technik schneidet sie Muskovit-Steine in hauchdünne Plättchen und arrangiert sie neu zu einem Bild, in dem die Welt stillzustehen scheint. Die transparenten Gesteinsschichten sind so zerbrechlich und filigran, wie du Stein noch nie erlebt hast. Mit Licht und Mosaik-Mustern spielt die Künstlerin aus dem Chiemgau, unterbricht die Spirale des Lebens nahezu, um sie neu zusammenzuführen. Wie große helle Perlmuttschuppen reihen sich Stein an Stein aneinander. »Das Ego löst sich bei meiner Art auf, die Zeit öffnet sich und macht das Leben neu erlebbar«, erklärt *Barbara Nedbal* ihre Kunst.

Neben den beeindruckenden Muskovit-Bildern malt sie auch mit Tusche: Mit natürlicher Sepiafarbe und Stahlfeder tupft sie in der Art der Mandala-Zeichnungen auf ihre Leinwand. Manche Punkte sind kräftig, andere zart, einige winzig, andere zerfließen in ihrer Intensität. Wer in ihre Werke eintaucht, findet Ruhe und kann sich dank der faszinierenden, fast schon irisierenden Muster gut aus dem Alltag reißen lassen. Im Hinterhof des Amon Store in Prien (s. S. 76) stellt sie ihre Bilder aus.

Wechselnde Ausstellungen zur zeitgenössischen Kunst finden auch in der *Galerie Bruckmühl* statt: Der Fokus liegt auf bayerischen Künstlern wie Herbert Klee, Erika Maria Lankes oder Rupert Dorrer, der seine Werke der Galerie überlassen hat. Die Ausstellungsräume sind am Mittwoch- und Samstagnachmittag sowie sonntags ab 11 Uhr geöffnet.

21 **Barbara Nedbal • Rosenstr. 8, 83209 Prien am Chiemsee • barbaranedbal.de**

22 **Galerie Markt Bruckmühl • Sonnenwiechser Str. 12, 83052 Bruckmühl • galerie-bruckmuehl.de**

Und: Action! Auf dem Wasser, zu Lande oder in der Luft. Ob kleine Mutprobe, sportliche Spitzenleistung oder einfach mal aufs Spaßpedal treten: Tob dich aus, sei wild, und zeig, was in dir steckt!

Die wilde Seite

Gas geben und Spaß haben von sportlich bis mutig

Echte Pferdestärken
Durchs Wasser auf Polo-Ponys

→ **Einhändig reiten lernen? Auf zu Carlito Velazquez**

Nein, die kleinen Kraftpakete sind keine Pferde: Sie sind Polo-Ponys. Und das ist ein großer Unterschied, wie Trainer Carlito Velazquez vom *Chiemsee Polo Club Ising e. V.* sagt. Die muskulösen, aber schlanken Tiere sind sehr gelassen, scheuen nicht und blicken ruhig jedem Ausritt entgegen – perfekt für eine Schnupperstunde für Einsteiger oder Wiederentdecker. »Auf Polos kann man sich verlassen«, sagt der Argentinier und Poloprofi Velazquez. Für Anfänger sind sie deshalb optimal: Düst mal ein Radfahrer zu eng an ihnen vorbei, traben sie einfach ihren Weg weiter. Doch das ist nur ihre eine Seite: Wer sie antreibt, erlebt die volle Power. Auf bis zu 70 km/h beschleunigen gute Profipferde – und davon gibt es einige im Stall nahe Chieming.

Velazquez arbeitet eng mit *Gut Ising* zusammen: Die Reitanlage ist das Mekka für Profireiter in Deutschland. Hier trainieren Weltmeister und Olympioniken auf verschiedenen Sand- und Hallenplätzen. Gut Ising ist immer einen Besuch wert. Schaue bei den Trainingsstunden aus dem Restaurant »Il Cavallo« zu oder verbessere dein eigenes Können auf dem Pferderücken.

Sein klassischer Ausritt dauert gut 90 Minuten und führt vom Gut Ising hinunter zum Ufer des Chiemsees. Egal, ob du Anfänger, Kind oder Fortgeschrittener bist: Carlito Velazquez bringt dir schnell das einhändige Reiten bei. Das ist nämlich typisch für Polo-Ponys: Sie werden nur mit einer Hand geführt, in der anderen liegt normalerweise der Polo-Schläger.

INSIDER-TIPP
Träume von Olympia

1 **Chiemsee Polo Club Ising e. V. • Fehling 23, 83339 Chieming • chiemseepoloclub.com**

2 **Gut Ising • Kirchberg 3, 83339 Chieming • gut-ising.de**

Lass die Knochen krachen Spielen wie ein echter Ritter

→ **Helm sitzt, Lanze ausgerichtet – der Gegner kann kommen!**

Ein Tag auf einer mittelalterlichen Burg kann lang sein. Vor allem bei schlechtem Wetter. Das wussten schon die Kinder von Herzogin Hedwig im 15. Jh. Und so vertrieben sie sich die Stunden mit mittelalterlichem Bowling. Das *Stadtmuseum Burghausen* hat jetzt die Tradition des »Knochen kegeln« wieder aktiviert. Zwar wird nicht mehr versucht, mit Blei gefüllte Rinderzehenknochen umzuhauen, doch die Holzvariante macht mindestens genauso viel Spaß und kracht herrlich laut. Das Knochen-Kegeln ist nur eines von vielen Mittelalterspielen, die Familien in dem Museum ausprobieren können.

Burghausen war unter Herzog Georg dem Reichen die Familienresidenz. Während die Politik in Landshut gemacht wurde, lebten auf dem Bergrücken an der Salzach die Herzogin mit Burgfräulein, Witwen und dem Nachwuchs des Adels. Der Alltag von damals wird heute im Erdgeschoss erlebbar, das früher als Vorratsraum diente. Brettspiele und Zeitvertreib gab es damals schon reichlich, für die langen Winter usw. Die Mittelalterausstellung auf der weltweit längsten Burg (1051 m) ist ein wahrer Entdecker-Ort für die kleinen Ritter und Burgfräulein des 21. Jhs. Ihr könnt in alten Kostümen posieren, ein eigenes Familienwappen entwerfen oder der Grusel-Sage des eingemauerten Kochs lauschen. Actionreich wird es beim 3-D-Rittertunier, bei dem ihr mit Helm und Lanze tjostet. Kippt den Gegner aus dem Sattel!

Eine Stunde vergeht an den Mitmachstationen und zwischen den Ritterexponaten wie im Flug – es darf also ruhig draußen mal regnen, damit ihr mehr Zeit habt, ins Mittelalter einzutauchen.

INSIDER-TIPP
Sportlich durch die Vergangenheit

3 Mittelalter-Ausstellung im Stadtmuseum Burghausen • im Kemenatenbau der Burg • Burg 48, 84489 Burghausen • burghausen.de/stadtmuseum • Erwachsene: 5 Euro, Kinder bis 18 Jahre gratis

Hoch hinaus Spring dich fit im Trampolinpark

Hüpfen macht glücklich. Und fit. Und munter. Und einfach nur Spaß. Im *Trampolinpark* in Rosenheim erlebst du das Springen in einer völlig neuen Dimension. Egal, ob du einen auf Dirk Nowitzki machst und Bälle vom Sprungfeld aus in Basketballkörbe versenkst, oder ob du Salto um Salto deine akrobatischen Fähigkeiten trainierst – auf den Matten sind deiner Phantasie kaum Grenzen gesetzt. Frei nach dem Motto: Nur Fliegen ist schöner!

Insgesamt warten acht Spring-ins-Land-Felder auf dich, von einfach bis schwer, von sportlich bis spaßig, von anfängergeeignet bis akrobatisch. Nur eins ist sicher: Egal, welches Level du dir zutraust, die Endorphine werden nur so durch deinen Körper purzeln.

Besonders spannend wird es, wenn du all deinen Mut zusammennimmst und in die Abenteuerbereiche der 1300 m² großen Halle vordringst: Auf dem Areal »Walk the Wall« springst du gegen Wände, die du mit genügend Schwung ein paar Schritte entlanglaufen kannst. Auch ein Trampolin gemäß Olympiastandards wartet in der Halle auf dich, sodass du für deine ganz eigene Medaille trainieren kannst – oder zumindest mal ein Gefühl bekommst, was die Profis bei dem Wettkampf aller Wettkämpfe so leisten.

Der Trampolinpark eignet sich für Kinder ab fünf Jahren. Für alle Jüngeren gibt es einen kleinen Kids-Bereich, in dem sie ihre ersten Sprünge wagen können. In den Ferien und am Wochenende ist es besser, sich über die Website vorab anzumelden.

← **Auf in die Horizontale! Und unter dir: Luft!**

4 **Airstyle Trampolinpark • Eichfeldstr. 22, 83026 Rosenheim • airstyle-trampolinpark.de • Mo geschl. (nicht in den Schulferien) • eine Stunde 9 Euro, am WE 12 Euro**

Plitschplatsch nass
Paddeltour zur Fraueninsel

→ **Der schwimmende Baum zeigt an: Gleich gibts eine Fischsemmel!**

Paddle dir einen! Denn Muskelkater ist nach einer großen Tour auf dem Chiemsee so gut wie garantiert. In Einer- oder Zweierkajaks gleitest du über Wasser wie einst Trapper, Indianer und Inuit in ihren Breiten. Nur ganz so lautlos wird es am Anfang nicht sein, dafür spritzig-fröhlich. Vom Norden des Chiemsees startest du beim *Kajakverleih Chiemsee* in dein Abenteuer: Ab Seebruck geht es in den knallroten Booten nur wenige Zentimeter über dem Wasser auf die Fraueninsel. Gute 30 Minuten bist du unterwegs, wenn du dich nicht hetzen lässt. Fahr in deinem Rhythmus! Schlag um Schlag kommt dir der runde Turm des Klosters näher, du überholst Schwimmer, kreuzt mit einem der zahlreichen Segelboote und lässt Seevögel über deinem Kopf kreisen. Halte mitten auf dem Wasser inne: kein Lärm, keine Hektik, nur du mit deinem angestrengt pumpenden Herz – herrlich!

Jetzt heißt es, einen Anlegeplatz suchen. Gar nicht so einfach. Doch an der Nordwestspitze der Fraueninsel wirst du fündig: Ein kleiner Kiesstrand gräbt sich hier ins Ufer, perfekt, um einfach hinaufzugleiten. Stärkung gefällig? Fischräucherbuden sind auf der Klosterinsel nicht unbedingt rar, besonders gut schmecken die Matjes- und Aalsemmeln bei der *Fischermeisterfamilie Lex*. Nach der Stärkung kannst du noch ein bisschen weiter nach Süden an dem schwimmenden Baum vorbeipaddeln: Die Krautinseln sind ein malerisches Naturschutzgebiet. Anlegen darfst du nicht, aber ans Ufer heran. Und dann: Schlag um Schlag zurück nach Seebruck, in gut einer Stunde. Puh, spürst du deinen Herzschlag?

5 **Kajakverleih Chiemsee Kaufmann Seebruck • Haushoferstr. 1, 83358 Seeon-Seebruck • chiemsee-kaufmann.de**

6 **Fischerei Thomas & Florian Lex • Haus 31, 83256 Frauenchiemsee • chiemseefischerei-lex.de**

Echt gerädert
Crossover auf dem Segway

Ein reißender Wildbach, holprige Naturwege, ein Bad im Wasserfall – na, klingt das nach Action pur? Dann bist du bei der *Segway-Tour mit Monatours* genau richtig. Erstes Naturschauspiel: der längste Wildbach Bayerns. Von der Burg in Hohenaschau geht es mit Geschwindigkeit an der Prien entlang, die am österreichischen Spitzstein entspringt und gurgelnd bis in die Schafwaschener Bucht rauscht. Bei einem kurzen Stopp an der Felsenkapelle holt ihr euch gutes Karma, ehe es in die Prien Klamm geht. Das Wasser schäumt hier auf, zeigt sich das ganze Jahr von seiner wilden Seite. Dann: Gib Segway-Gas und meistere ohne Mühe mit den Crossrädern den holprigen Schotterweg – das Bergpanorama wird nur so an dir vorbeidüsen. Na, schon eingefahren? Gut so, denn jetzt wird es richtig actionreich: Über Wurzeln und an Farnen vorbei geht es in den Wald. Es wird kühler und von Weitem hörst du schon das Wasser, das den verwunschenen und nahezu unbekannten Schossrinner Wasserfall runterrauscht. 90 m tief prasselt es ins Becken – und wenn du willst auf deine Haut. Die Abkühlung ist ein weiteres Highlight dieser Offroad-Tour. Unter Frauen gilt der Wasserfall als Kraftort. Wer sich hier auf einen Stein setzt, bekommt innere Ruhe und neue Energie. Probier's aus!

Danach heißt es: Ab durch die Wiese! Hier holst du mit rund 20 km/h das Maximum aus deinem Segway. Nach knapp drei Stunden und einer zünftigen Brotzeit mit Blick auf die Kampenwand endet deine Crossroad-Tour – mit zerzaustem Haar und einem Lächeln im Gesicht.

← Segwaytypisch schweben und actionreich fahren – an der Prien erlebst du beides

INSIDER-TIPP
Tanke Wasserkraft

 7 **Segway-Tour mit Monatours • Elpertinger Str. 5, 83209 Prien • segway-am-chiemsee.de • 79 Euro**

Auf Schmugglers Pfaden Der Radweg am Grenzübergang

Wilde Geschichten ranken sich um diesen Radl- und Wanderweg, der euch bis nach Österreich führen wird. Früher, so weiß es die Legende, wurden Waren wie Salz, Holz, Gold und Tuch auf dem Schmugglerweg über die Grenze gebracht. Dafür mussten unsere Vorfahren einige Abenteuer auf sich nehmen. Heute ist die *Bike and Hike-Tour zum Staubfall* nicht ohne Raffinesse und Fallstricke ...

Los geht es von Ruhpolding ins Fischbachtal auf dem Fahrrad. Der Weg ist gut und hier könnt ihr noch in aller Ruhe vor euch hintreten. Am Ende des Tals findet ihr eine alte Unterstandshütte, die früher den Schmugglern – und vor allem ihrer Ware – Schutz bei schlechtem Wetter gab. Stellt die Radl ab und macht euch zu Fuß zu dem Wasserfall auf: In Serpentinen schlängelt sich der schmale Gebirgspfad langsam den Berg hinauf. Während ihr entlang der steilen Schluchten der Klamm wandert, hört ihr schon das Rauschen des Wassers. 200 m tief donnert der Staubfall hinab und markiert die Grenze zwischen Bayern und Österreich. Hinter dem Wasserfall geht es dann ins benachbarte Heutal. Heute ist die Grenze zu Österreich unbewacht, früher patrouillierten hier Zöllner.

Die Tour dauert etwa 2,5 Stunden und führt 25,6 km weit. Mit 400 m Höhenunterschied ist sie aber für jeden zu bewältigen. Macht euch im Frühling unbedingt vorab schlau über die Lage vor Ort: Die Schneeschmelze drückt manchmal große Mengen Wasser ins Tal, sodass es nicht gefahrlos passierbar ist.

 Bike&Hike-Tour zum Staubfall • Route beim Tourismusamt Ruhpolding, Bahnhofstr. 8, 83324 Ruhpolding • ruhpolding.de

Toben, Trimmen, Träumen Action am Spielplatz Siegsdorf

Das Mammut Museum in Siegsdorf ist ein altbekanntes Familienhighlight im Chiemgau. Ein echtes, verstecktes Kleinod ist dagegen der *Generationenspielplatz* dahinter: Statt Schaukel, Sandkasten, Rutsche gibt es hier Seilbrücken, Slacklines und sogar einen Senioren-Parcours. Die Idee des Erlebnis-Platzes direkt an der Weißen Traun: Jung und Alt zusammenbringen, toben und innehalten – vor allem, die Natur genießen. Für Kinder gibt es zahlreiche Spielmöglichkeiten und Kletter-Action pur: Ritterburgen wollen über Seile erobert werden, Holzplanken führen zwischen den Burgtürmen hin und her, Seile, Schnüre, Schaukelmöglichkeiten und Baumstämme lassen das Abenteuer lebendig werden. Rund zwei Stunden können die Kleinen hier Winkel und Ecken entdecken, ohne sich zu langweilen. So sind einige der Spielhäuschen um alte Baumstämme herumgebaut, die Natur wird integriert, nicht gezähmt.

Dazu gibt es neben dem Spielplatz eine Art Ruhebereich mit Bänken im Schatten und Infos rund um Geologie und Dorfgeschichte. Der hiesige Steinbildhauer Stefan Przybilla hat dazu einen Klangstein aufgestellt, den es auszuprobieren gilt. Ein schönes Extra an Sommertagen: Direkt am Fluss gibt es Sitzplätze zum Entspannen und Abkühlen. Beide Areale verbindet ein Kletterfelsen. Noch ein Extra: Da das örtliche Seniorenheim um's Eck liegt, gibt es auch einen Parcours, der ältere Menschen fordert und sie mit Kindern in Kontakt kommen lässt. Übrigens: Der Kiosk »Kuachà Platzl« hält, was sein Name verspricht. Es gibt lecker Schoko- und Fruchttorten, dazu Erfrischungsgetränke.

 Generationenspielplatz • **zwischen Auenstr. und Theresienstr. 9, 83313 Siegsdorf**

← **Erst ins Kletterabenteuer, dann zum Mammut? Oder umgekehrt? Beides kein schlechter Plan**

Mord auf der Alm
Rätsle mit beim Hüttenkrimi

→ Den Kaiser-
schmarrn gibt's
nach dem Show-
down

→ Los geht's
mit a Leich

Hauptkommissar Ganglhofer hats schwer. A Leich wurd gefunden. Und das mitten im idyllischen Ruhpolding. Dort, wo sonst Wintersportler und Bergfexe sich mit einem Lächeln im Gesicht freiwillig die Luft durch Sport nehmen lassen. Doch jetzt das, ein echter Toter im Gau …

So beginnt *Der Hütten-Krimi auf der Zirmberg Alm*, bei dem ihr mit Cleverness, Humor und gutem Inspektor-Instinkt das Rätsel um einen Mord lösen müsst. Nur rumsitzen ist nicht, jeder Gast muss all seinen Grips für den kniffligen Fall bereitstellen und den bauernschlauen Dorfpolizisten Krauterer tatkräftig unterstützen. Verbeamtet für einen Abend – so schnell kann's gehen.

Klar, Krimi-Dinners gibt es bereits zahlreiche. Doch inmitten von schroffen Felsen und viel Wald, abgelegen von der Zivilisation, ist es doch ein besonderer Nervenkitzel, den Hallodri an diesem Abend unter euch zu suchen. Wo war eigentlich dein Tischnachbar zur Tatzeit? Für die nötigen Lacher sorgt Hautkommissar Ganglhofer, der mit bayerischer Nonchalance und rauhaardackeliger Hartnäckigkeit den Bazi dingfest machen will. Mit bayerischem Slapstick ist dieser Mundart-Abend rasant – aber alles andere als gruselig. Dazu serviert das Team von der Zirmberg Alm ein klassisches altbayerisches Menü. So gestärkt gilt es dann, Täter und Motiv zu finden und die wahren Hintergründe des Falls in der guten Chiemgauer Stube noch vor dem Kaiserschmarrn-Showdown aufzuklären. Am Ende winkt eine echt bayerische Schützenscheibe für den Ermittler mit dem besten kriminalistischen Näschen.

 Der Hütten-Krimi auf der Zirmberg Alm • Biathlonzentrum 2, 83324 Ruhpolding • huettenkrimi.de • Ticket: 99 Euro

Pack den Bock ein
Auf rasanter Talfahrt

Schnall deinen Rucksack auf und los geht's zur Bockerl-Piste! Es erwartet dich die vielleicht rasanteste Talfahrt, die du je erlebt hast – und bei der vor allem deine Bauchmuskeln dank des vielen Lachens ordentlich beansprucht werden. Grund dafür ist das gerade mal 3 kg schwere Bockerl, welches du an diesem Tag am Unternberg ausleihst und mitnimmst. Das *Funwerk Chiemgau* hält sechs von diesen kleinen Rennsemmeln bereit – unbedingt einen Tag vorher reservieren! Nach einer Einweisung erklimmst du zu Fuß oder mit dem Sessellift den Unterberg, setzt dein Bockerl auf den Wanderweg und fetzt los. Mit jedem Meter merkst du, dein Sitz auf drei Rädern und du gewinnen an Tempo, die Bäume ziehen immer schneller an dir vorbei, der Wind kitzelt

↓ **Bevor ihr euch in die Wiese traut, unbedingt auf Wegen üben!**

dich mehr und mehr. Gib Stoff – aber Sicherheit geht vor! Dank der guten hydraulischen Bremsen kannst du deine Geschwindigkeit gut anpassen. Vom Grip her eignen sich die kieseligen Wege am besten. Für den Winter gibt es das Bockerl übrigens mit Kufe: Auf dem einzelnen Ski pest du dann durch den Schnee.

Eine Berg-Achterbahn für Kids und Erwachsene findest du in Oberaudorf mit der *Sommerrodelbahn am Hocheck*. Einen Kilometer düst ihr in der Bahn den Berg von der Mittelstation hinab, schwingt euch durch die 360-Grad-Kurve, dass die Kufen nur so knacken.

11 **Bockerl-Verleih vom Funwerk Chiemgau • Unternberg bei 83324 Ruhpolding • funwerk-chiemgau.de • Reservierung nötig! Leihgebühr pro Tag 34,90 Euro, Helm 3 Euro**

12 **Sommerrodelbahn am Hocheck • Talstation Hocheck, Carl-Hagen-Str. 7, 83080 Oberaudorf • hocheck.com • 3,50 Euro für fünf Fahrten • Ticket für Bergfahrt 9,50 Euro**

Eiszeit Frost-Spaß am Frillensee

→ Eiszauber am Frillensee

Er mag nicht der größte sein, dafür hält der Frillensee einen eiskalten Rekord: Er ist der kälteste See Mitteleuropas. Was im Sommer eine Erfrischung für die Augen ist, wird im Winter zum Schnee-Spektakel. Hier kannst du Eiskristalle, Schlittschuhläufer und eingefrostete Bäume in einem einmaligen Landschaftsschutzgebiet sehen. Doch Achtung: Der *Frillensee* ist ein Relikt der letzten Eiszeit und im Winter wird es manchmal so kalt, dass dir dein Atem in Form von Eiskristallen an den Wimpern festklebt. Für Wärmeweicheier ist der See nichts – für Abenteurer mit Mütze, Handschuhen und Thermo-Jacke dagegen ein einmaliger Ausflugsort.

Auf einer Höhenlage von 922 m friert der See oft schon im November zu – und zwar nicht vom Rand aus, sondern von der Mitte nach außen. Damit ist die Eisschicht besonders dick und tragfähig. So robust ist das Eis in vielen Wintern, dass 1959 der deutsche Eissportverband auf den Gletschersee aufmerksam wurde. Der See wurde als Wettkampfzentrum für den Eisschnelllauf freigegeben, 1960 fanden hier die Deutschen Meisterschaften statt.

Bis heute lieben die Einheimischen ihren knapp 130 m breiten und 340 m langen See. Bis heute sieht man hier Eisschnelllaufprofis trainieren, für Anni Friesinger-Postma ist der Frillensee einer ihrer Lieblingsorte. Obacht, wenn du Eiskunstläufer, Hockeyspieler oder Pirouettendreher hier siehst: Das Betreten des Eises ist auf eigene Gefahr! Der See ist nach einem 60-minütigen Spaziergang vom Forsthaus Adlgaß aus zu erreichen. Auf dem Erlebnispfad mit Hütten und Infotafeln erkunden Kinder im Sommer mit einem Baumtelefon spielerisch ihre Umgebung.

INSIDER-TIPP
Hallo, Herr Baum?

13 **Frillensee • Parkplatz beim Forsthaus Adlgaß, Adlgaß 1, 83334 Inzell • forsthaus-adlgass.de**

Lang lebe der Chiemgaukönig! Radel-Rallye über Almen

Wer den Chiemgau bisher nicht mit dem Radl erobert hat, war eigentlich noch gar nicht da. Biken ist hier kein Sport, es ist Alltag, Wochenend-Standard, ein Muss. Klar, besser als vom Sattel aus kannst du das unberührte Natur- und Dorfidyll nicht erleben. Besonders wird die Radl-Action hier, wenn du zu den 18 Aussichtspunkten der Königstour hier fährst – *Chiemgau KING* genannt. Los geht's in Ruhpolding bei Andi Huber, der diese Fahrradtour ausgeklügelt hat. Direkt hinter seinem Radlverleih führt der Weg über Weiden und Wiesen gen Berge. Der Clou: Auf jeder Route gibt es mehrere Stopps, an denen du deine KING-Karte abstempelst, mit Eisenhammer und Nagel. Damit prägst du Buchstaben in deine Karte, die am Ende ein Lösungswort ergeben. Tatsächlich ist bei der Rallye ein bissl Multitasking gefragt: Weg suchen, Panorama bestaunen und mit der Kraft deiner Wadln die Schotterpisten und Waldwege bewältigen. Selbst für Schulkinder eignen sich einzelne Abschnitte, die Erfinder Andi Huber gern auf seinen Landkarten markiert – so wird aus dem Wochenendtrip ein echtes Abenteuer.

← Mit dem Holzhammer wird abgestempelt

Dein Track führt dich vorbei an der Biathlon Arena, zu Brotzeitbrettln auf verwunschenen Almen, durch einen Märchenwald oder auch ganz nahe an Wasserfälle, Badeseen und Waldlichtungen – je nach Route, je nach Laune. Vergiss auf keinen Fall die Badeklamotten! Ein Highlight ist immer wieder die Talfahrt gen Weitsee, ein besonders verwunschenes Fleckerl des Chiemgau. Die Routen können an deine Kondition angepasst werden, dauern zwischen vier Stunden für Teilzeit-Radler und zehn Stunden für Renn-Freaks, je nach Tempo, Laune und Ausdauer. Sicher ist nur eins: Die Krönung mit echter Kini-Kopfbedeckung findet am Ende auf jeden Fall statt! Lang lebe der Chiemgau-König!

14 Chiemgau KING • Obergschwendterstr. 12, 83324 Ruhpolding • chiemgau-king.com • ab 49 Euro

Kämpfe wie ein echter Ninja Das Stuntwerk Rosenheim

→ Viel übt sich, wer Ninja-Warrior werden möchte! Gemütlich ist es nebenan

Dein Weg ist voller Hindernisse. Voller Hürden, Ringe, Ketten, Wänden, Gräben. Kurzum: Wenn du im *Stuntwerk Rosenheim* am Anfang des Ninja Parkours stehst, meinst du, die Welt hätte sich gegen dich verschworen. Doch: Sie will dich nur fordern. Und das ordentlich …

Hier kannst du den aus dem Fernsehen bekannten Trendsport »Ninja Warrior« live erleben und vor allem nachvollziehen. Das heißt: Klettern und Hangeln was das Zeug hält! Was auf dem heimischen TV-Bildschirm so leicht und beschwingt aussieht, ist in der Realität ein echter Muskel- und Knochenjob. Und: Balance, Koordination sowie Grips sind auch gefragt, um den Parkour mit Bravour – oder zumindest mit Schweiß und Willen – zu meistern.

Viele der Hindernisse wirst du aus der Fernsehshow kennen: Etwa die Himmelsleiter oder die Flying Bars. Dir sagt das alles nix? Kein Problem, auch für Neugierige, Anfänger und Entdecker ist das Ninja-Warrior-Training geeignet. Vorkenntnisse brauchst du keine, nur ein bisschen Ehrgeiz.

Ein paar Stunden in der Rosenheimer Halle werden dich fordern und dir einen ordentlichen Muskelkater verpassen. Grenzen austesten und überwinden – darum geht es. Aber auch um Teamwork, den eigenen Mut und die Lust auf Neues. Das alles brauchst du, um ein erfolgreicher Ninja zu werden. Neben dem Ninja-Warrior-Training kannst du dich auch im Bouldern, im Parkour oder im Functional Fitness ausprobieren.

 Stuntwerk Rosenheim • Grubholzer Str. 12, 83026 Rosenheim • stuntwerk-rosenheim.de • Ticket: 13 Euro, Kinder bis 13 Jahre: 7 Euro, Schüler bis 17 Jahre: 10,50 Euro

Wilde Wasserspiele
Schwimmen in der rauschenden Alz

Freibad ist das Eine, Flussschwimmen etwas ganz Anderes.
In der Alz kannst du im klaren Wasser baden, dass es in dir nur so zu rauschen anfängt. Der besondere Kick: Statt in einem abgegrenzten Bereich steigst du in wilde, naturbelassende Fluten – mit Traum-Bayern-Panorama obendrauf.

An heißen Sommertagen ist das frische Wasser eine tolle Abkühlung, die das Blut so richtig durch den Körper schießen lässt. Die Zentren für Flussbadende liegen in Truchtlaching und Altenmarkt. Vom See kommend rauscht das kalte Wasser hier über Felsen und Stromschnellen, mäandert zwischen Auen an bayerischen Zwiebeltürmen und Flusswirtschaften vorbei. Dann erreicht

↓ **Die Alz bei Altenmarkt**

↓ **Sonnen, schwimmen, chillen: ein Blick ins Alzbad**

es etwas ruhiger die steinerne Brücke an der Seeoner Straße in Truchtlaching. Die Strömung zieht hier noch mäßig, aber gut schwimmen können solltest du auf jeden Fall. Einstieg ist das *Alzbad*. Lass dich einfach treiben; entspannt kannst du über eine Leiter am Freibad danach wieder an Land klettern. Der Kiosk bietet Stärkung und der Wasserspielplatz mit Rädern, Mühlen und Fontänen ist vor allem für Kinder ein Highlight. Und auf der großen Liegewiese hat es zahlreiche schattenspendende Bäume.

Etwas mehr Mut brauchst du in Altenmarkt am Kloster Baumburg. Hier, wo von der Alz der Laufener Mühlbach abzweigt, ist die Strömung wilder. Deinen Weg findest du, indem du dem Pfad zum Volleyballplatz folgst und dann nach links abbiegst. Die Alz düst hier mit Tempo dahin, sodass das Wasser schäumt. In diesem versteckten Eck erwartet dich die wohl idyllischste Naturbadelandschaft aller Zeiten: Weiden und Farne hängen über das Wasser, ein Feenland sondergleichen. Tauch ein, lass dich treiben und genieße das Prickeln des kalten Wassers auf deiner Haut!

 Alzbad Truchtlaching • Wehrländerstr. 1, 83376 Seeon-Seebruck • seeon-seebruck.de

Gestresst? Dann tief durchatmen, Ommm, die entspanntesten Auszeiten liegen gleich hier um die Ecke. Auf Steinadler-Tour, beim Sundowner am See, frühmorgens auf der Moaralm. Hier findest du ganz schnell wieder zur eigenen Mitte.

Die ruhigen Ecken

Entspannen von minimalistisch bis luxuriös

Mehr Moor Wanderung in die Zeit der Riesenlibellen

→ Eldorado für Vögel, Falter und Libellen – die Eggstätter Seenplatte

Am Anfang war die Wasserbombe. Mit der zeigt Biologin Ursula Bernritter Kindern und Neugierigen in ihrer Sandkiste, wie die Eiszeit den Chiemgau geprägt hat. Unter anderem entstanden Moore, die heute zahlreiche Insekten beherbergen – auch Libellen, zu denen sie während ihrer Wanderung führt. Vor 350 Mio. Jahren schwirrten sie mit einer Flügelspannweite von 80 cm durch die Vorzeit, trafen auf Mammuts, Wollnashörner und Rentiere mit Geweihen, so breit wie Autos. Platz gab es genug: Der Chiemsee war dreimal so groß wie heute. Heute braucht es auf der *Libellenwanderung* etwas mehr, um die fingergroßen Fluginsekten zwischen Seerosen und Birken zu entdecken. Auf der 90-minütigen Tour durch eines der ältesten Naturschutzgebiete Deutschlands spürt ihr die kleinen Drachen der Lüfte auf, lernt, warum manche rot, andere blau oder gar grün sind und welch seltsames Paarungsverhalten sie an den Tag legen. Packt die Badesachen ein. An der Seenplatte gibt es herrliche Naturschwimmplätze, an denen ihr euch nach der Wanderung abkühlen könnt.

INSIDER-TIPP
Badenixen ahoi!

Ursula Bernritter kennt über 50 Libellenarten und entdeckt eine Vielzahl während ihrer Touren durch die Gumpen. Die Geschichten um Pechlibelle, die rote Adonis oder die zierliche Moosjungfer sind reichlich. Besonders für Kinder veranschaulicht die Biologin amüsant, warum die Larven irgendwann ihren »Schlafanzug« ablegen und warum das »Dinogras« noch heute ihr liebster Sonnenplatz ist.

1 **Libellenwanderung über die Eggstätter Seenplatte • Treffpunkt am Wanderparkplatz »Schloss Hartmannsberg«, 83093 Bad Endorf • Termine bei Ursula Bernritter unter 0176/22877508 • 11 Euro, Kinder bis 12 Jahre: 7 Euro**

Volle Spannweite voraus! Auf Steinadler-Tour im Nationalpark

Größer als ein Mensch, majestätischer als jeder König: Wenn die *Steinadler* ihre 2 m breiten Schwingen über den Alpen ausbreiten, dann erlebst du, was wahre Grazie ist. Der Nationalpark Berchtesgaden ist einer der wenigen Plätze in Deutschland, wo du die Greifvögel in freier Wildbahn sehen kannst. Atemraubend ist der sogenannte Girlandenflug der Männchen: Mit Steilflug und purer Eleganz bezirzen sie die Adler-Damenwelt auf ihren Balzflügen – und sorgen auch bei menschlichen Zuschauern für Jubelrufe. *Toni Wegscheider* nimmt dich mit zu den Flug- und Brutplätzen der Könige der Lüfte. Auch Murmeltier, Steinbock, Gams und Enzian kennt er, passt die Wanderung an deine Wünsche und Kondition an.

Ein Hotspot für die große Adler-Schau ist das 7 km lange *Klausbachtal* nahe Ramsau. Seit über 25 Jahren werden hier die Greifvögel von Biologen beobachtet. Das »Adlerteam« vom Nationalpark hat einen Infopoint zu den Jägern aus der Luft eingerichtet. Ein Steinadler-Ehepaar fühlt sich in dem Areal so wohl, dass es fast garantiert ist, hier einen der Vögel zu entdecken: Über den Felsen der Halsgrube surft er auf der Thermik. Übrigens: Der Steinadler gilt als Indikator für eine gesunde Natur. Wo er weilt, ist die Öko-Welt im Gleichgewicht.

← Der Steinadler, eine Alpen-Majestät

← Liegend fällt die Adlersuche leichter

2 **Steinadler-Tour im Nationalpark Berchtesgaden • Berchtesgadener Str. 91, 83486 Ramsau • national park-berchtesgaden.bayern.de**

3 **Wildtier-Führungen mit Toni Wegscheider • Am Köppelberg 8, 83471 Schönau am Königssee • wildtier-fuehrungen.de**

4 **Beobachtungsstation im Klausbachtal • Hirschbichlstr. 26, 83486 Ramsau**

Überm Teich
Übernachten in den Matador Lodges

→ **Modernes Design in den Cottages, viel Natur und jede Menge Stil sorgen für Wohlfühlatmosphäre**

Über das Wasser gehen? Geht leider nicht. Aber darauf schlafen. Die *Matador Lodges* in Grabenstätt bieten eine Übernachtung der besonderen Art: In luxuriösen Teichhäusern bettest du dich direkt über dem hauseigenen Teich.

Die Design-Cottages sind mit vielen feinen Details eingerichtet: Antiquitäten und skandinavisches Hygge mischen sich mit Designer-Objekten. Dazu verfügen die Ferienhäuser über Küchenzeile, Kaffeemaschine, Coffeetable-Book und natürlich Fernseher, W-Lan, Regendusche. Doch: Das alles wirst du gar nicht so viel nutzen. Lieber setzt du dich mit einer Flasche Wein auf den Steg und genießt die Ruhe am Naturbadeteich.

Am schönsten ist vielleicht der frühe Morgen in den Matador Lodges – zu denen neben den Teichhäusern auch ein Baumhaus sowie eine Villa mit vier Apartments gehören, aber das nur nebenbei. Dann taucht die Sonne das Areal in ein sanftes, heimeliges Licht. Die Vögel piepen, die Libellen ziehen ihre ersten Kreise über den Teich – und du vielleicht deine durch ihn hindurch? Das weiche Wasser sorgt für ein ganz anderes Erlebnis als das gechlorte in einem Pool! Fast kann der Wunsch, immer wieder ins kühle Nass einzutauchen, zur Sucht werden.

Früh(er) aufstehen lohnt sich auch wegen des guten Frühstücks. Von Croissants bis Semmel, von hausgemachter Marmelade bis Obstsalat ist allerlei geboten, sogar bis 12 Uhr mittags für alle Langschläfer unter uns. Wer spontan Lust auf ein Helles hat, geht zum Kühlschrank in der Villa, der immer mit Getränken und Snacks gefüllt ist. Und dann: Ab auf den Steg!

 **Matador Lodges • Chieminger Str. 17, 83355 Grabenstätt • matador-lodges.com**

Die Welt zu Füßen
Sonnenuntergang am Samerberg

← Einfach königlich, der Blick!

Es gibt so Momente, die sind nicht zu toppen. Einer von ihnen ist ein Sonnenuntergang am Samerberg. Bei der hiesigen *Aussichtskapelle* funkelt das typische Barockgelb der Fassade mit dem Rotgold der Sonne um die Wette. Doch von vorn …

Mit Radl oder Auto schlängelst du dich den Waldweg 181 Höhenmeter hinauf, immer weiter, bis es fast wieder hinab ins Tal geht. In zweieinhalb Stunden kannst du das Hügelplateau auch erwandern. Zwischen Törwang und Obereck in der Kurve gen Tal liegt die achteckige Kapelle aus dem 19. Jh. Die Kapelle ist geschlossen, durch die Fenster kannst du aber einen Blick auf den gotischen Hochaltar aus dem 16. Jh. werfen.

INSIDER-TIPP
Luren erlaubt!

Ein Kruzifix sowie eine über 100 Jahre alte Eiche stehen schützend vor ihr. Diese wird auch »Luitpoldeiche« genannt, da sie zum 70. Geburtstag des einstigen Prinzregenten gepflanzt wurde. Luitpold trat nach dem sagenumwobenen Tod des Kini als letzter die Königs-Regentschaft in Bayern an. Das Ende dieser Ära, so will es die Geschichte, endet hier am Samerberg: Nach seiner Entthronung verabschiedete er sich hier von seinem Bayernreich.

Bei dem Blick über das Tal kommt auch heute noch Sentimentalität auf: Das Panorama zieht sich an klaren Tagen über Simssee, Chiemsee, Bad Aibling und Rosenheim bis zum Horizont. Die Autobahn rauscht und die Glocken der Kühe auf den umliegenden Weiden bimmeln. Wer eine Picknickdecke dabeihat, kann sich einfach ins hohe Gras legen und den Blick auf den Gau samt seinen Bauernhäusern genießen.

 Aussichtskapelle am Samerberg • Untereck 13, 83122 Samerberg • samerberg.de

Lake O' Mio! Der Kiosk für den perfekten Sundowner

→ Essen, trinken, chillen am See im Lake O'Mio

Der Name ist Programm: »Lake O' Mio« möchtest du am liebsten rufen, wenn du dich mit deinem Sundowner am Ostufer des Chiemsees niedergelassen hast. Kioskbesitzer Käptn Mike hat sich einen der schönsten Orte am ganzen See gesichert – und den perfekten Spot, um einen rot-gold-kitschig-lila-pinken Sonnenuntergang zu erleben. Die Strandbar *Lake O' Mio* ist ein echter »local hang out spot«. Die Kite-Surfer des Sees beenden ihre Runde zu gern auf den Treibholzbänken vor der schicken Holzhütte, mümmeln Süßkartoffelpommes, Wraps, Tacos und Calamari, um Kraft zu tanken. Andere See-Fans schwören auf die hausgemachte Soul-Food-Küche, wenn sie mal einen Kater haben. Vor allem die Currywurst mit hausgemachter Soße steht hoch im Katzenjammer-Kurs. Auch das passende Konter-Getränk liegt parat: ein Chiemsee Cider. Lake O' Mio ist einer der wenigen Kioske, die es ausschenken. Den Sound vom Kiosk kannst du auf Spotify finden. DJane Vicky aktualisiert laufend.

Etwas weiter im Norden stößt du auf Snacks & Sound am *Sonnendeck Chieming*. Das Gute: Wenn es mal windet, kannst du gemütlich vom Wintergarten aufs Wasser blicken.

Sundowner gibt's natürlich nicht nur am Bayerischen Meer, nein, auch am benachbarten Tüttensee kannst du im *Seebad* herrlich auf der Strandterrasse in den Abend chillen.

INSIDER-TIPP
Beat to go vom See

7 Lake O'Mio • Julius-Exter-Promenade 15, 83236 Übersee • facebook.com/lake.o.mio/

8 Sonnendeck Chieming • Grabenstätter Str. 14, 83339 Chieming • sonnendeck-chieming.de

9 Seebad Tüttensee • Lueg 2, 83377 Vachendorf • tuettensee-seebad.de

Einfach abhängen
Tour zu den Fledermäusen

Ein Sundowner der ganz besonderen Art wartet auf der Herreninsel inmitten des Chiemsees auf euch: Taucht ein in die magische Welt der Fledermäuse – die die Hälfte des Jahres verschlafen, dank Nachtaktivität und Winterpause. Wenn die Sonne sich im Westen des Chiemsees langsam gen Horizont neigt, geht es über das leuchtende Bayerische Meer zur Insel von König Ludwig II. Nach dessen Tod im Jahr 1886 waren die Fledermäuse lange die einzigen Bewohner des Schlosses – und halten sich bis heute als hartnäckige Hausbesetzer. Wie der Kini selbst meiden sie das Tageslicht und zeigen sich den meisten Besuchern von Herrenchiemsee nicht. In der obersten Etage des Neuen Schlosses verschlafen die Wimperfledermaus, die Große Mausohr-Art und die

↓ **Die Ausstellung erklärt das Leben der Tiere …**

↓ **… danach geht es zu den Brutstätten der kleinen Vampire**

Kleine Hufeisennase-Gattung die Tage am Chiemsee. Rund 1000 Fledermäuse leben so im Dachstuhl von »Klein Versailles« nahezu unbemerkt von der Öffentlichkeit.

Doch Guide Jakob Nein zeigt euch bei seiner *Fledermausführung* diese geheime, ruhige Welt. Zunächst punktet er in der hiesigen Fledermausausstellung mit zahlreichen Besserwisser-Fakten rund um die Mini-Draculas. Über Monitore könnt ihr schon die ersten Fledermäuse beobachten, ehe ihr dann im Dunkeln zu den Baumriesen spaziert, wo die Nager ihre »Ferienhäuser« haben. Ihr erfahrt, warum sie an den Brunnen des Schlosses gerne jagen, wo echte Fledermausautobahnen verlaufen und was die Uferbereiche der Insel so interessant für die Tierchen macht.

Die Touren sind zwischen Mai und Ende August buchbar. Das Schiff legt um 19.30 Uhr gen Herrenchiemsee ab. Ende der Tour ist gegen 22.15 Uhr

10 Fledermausführung • über Tourismusbüro Prien, Alte Rathausstr. 11, 83209 Prien am Chiemsee • tourismus.prien.de • Ticket: 19,50 Euro, Kinder 15,50 Euro

Lesen und ernten
Rosenheims offener Gemüsegarten

→ Erst lesen, dann Gemüse ernten – so leicht geht das in Rosenheim

Einkaufen? War gestern! Die Rosenheimer Stadtbibliothek geht in Sachen »mehr Gemüse für alle« ganz neue Wege. Mit einem essbaren Platz … Am Salzstadel-Platz vor der Bücherei ist mit extra dafür entworfenen Trögen ein *Gemüsegarten* für die Bürger entstanden. Ernten darf jeder, der gerade Bedarf hat. Einfach so.

Neben Klassikern wie Tomaten, Erdbeeren, Paprika, Auberginen und Basilikum tummeln sich in der Erde wild neben- und übereinander allerlei exotische Grünpflanzen. Etwa Pak Choi, Brokkoli, Mangold, Olivenkraut, Thai-Koriander oder Orangen-Minze. Praktisch, wenn es abends Tomate-Mozzarella gibt und das Basilikum daheim mal wieder überraschend verwelkt ist … Auf dem Bibliotheksplatz kannst du dir deine Ration gratis abschneiden. Entworfen haben den begrünten und belebten Startplatz Innenarchitektur-Studenten der Technischen Hochschule Rosenheim. Wer nicht ernten mag, kann sich in der Bibliothek seine Zeitung holen und sich zum Lesen an einen der zehn Tröge setzen – denn auch an Bänke haben die Design-Studenten gedacht. Genauso wie an Schilder, die jede Pflanze beschriften und so für Kinder und Teenager die eine oder andere spannende Entdeckung bieten. Oder hast du schon mal unter der Blüte eines Zucchino die Weltlage studiert? Nicht nur Bücher kannst du vor Ort leihen, auch Nudel - oder Eismaschinen, Skateboards und vieles mehr, um dich auszuprobieren.

INSIDER-TIPP Bibliothek der Dinge

11 **Gemüsegarten der Stadtbibliothek Rosenheim • Am Salzstadel 15, 83022 Rosenheim • stadtbliothek.rosenheim.de**

Da is der Kas bissen
Morgenstund' auf der Moaralm

Über allen Wipfeln ist Ruh ... und nur ihr und eure Schritte auf dem Wanderweg brechen die Stille des frühen Tages. Wer sich am Vormittag zur *Moaralm* aufmacht, wird belohnt: Mit unberührter Natur, dem Kitzeln der Sonnenstrahlen und einer Atmosphäre, die es so auf den sonst so viel betretenen Forstwegen der Chiemgauer Alpen nicht mehr oft gibt. Das Gute: Ihr könnt die Wanderung bei Inzell auch mit leeren Magen antreten. Nur knapp zwanzig Minuten dauert die Schlenderei, dann habt ihr die erste Einkehrmöglichkeit erreicht – und könnt euch ab 11 Uhr von Mittwoch bis Sonntag ein Frühstück gönnen, wie es euch noch nie besser geschmeckt hat! Einfach weil ihr es euch mit der lässig-leichten Wanderung verdient habt. Speckbrote und Brotzeitbrettl warten auf euch. Für Naschkatzen: Natürlich gibt's auch selbstgebackenen Kuchen!

Der Einstieg zu diesem Wanderspaziergang ist im Inzeller Ortsteil Schmelz auswärts. Auf dem Forstweg erreicht ihr schon bald den Abenteuerspielplatz. Neben allerlei Klettermöglichkeiten gehört ein Bach dazu – Pritscheln erwünscht! Anschließend führt der Weg weiter gemütlich den Berg hinauf, auch Kinder schaffen den Aufstieg gut. Und dann seid ihr auch schon nach wenigen Kilometern am Ziel! Auf der Moaralm erwarten die Kleinen schon Ziege Elvis mit ihren Kumpeln sowie eine Herde Kühe, die den Sommer zeitweise dort verbringen. Und euch vielleicht das erste eiskalte Radler des Tages? So familienfreundlich kann der erste Spaziergang des Tages sein. Die Alm ist von Mai bis Oktober gut zu erwandern.

← Morgens in der Sonne chillen? Gelegenheiten gibt's!

← Der frühe Wanderer bekommt das erste Radler

INSIDER-TIPP
Matschhose, ja bitte!

12 **Moaralm • Start im Ortsteil Schmelz von 83334 Inzell • moarhof-inzell.de**

Entdecke die Langsamkeit Die abgelegenste Buchhütte

→ **Außenposten der Bücherwelt**

→ **Dein Platz für die Schmökerpause**

INSIDER-TIPP
Servus Christuskind

Literatur und Chiemsee sind eng miteinander verwoben. Zum Beispiel wäre da der aus dem Gau stammende Schriftsteller Sten Nandolny, der mit seinem Roman »Die Entdeckung der Langsamkeit« weltberühmt geworden ist. Wenn du auf der Suche nach Entschleunigung bist – nahe des Waginger Sees kannst du sie auf dem Knallerhof bei Kirchanschöring erleben. Mit der *Bücherhütte Kirchanschöring* steht hier die abgelegenste Bibliothek Bayerns. Ein Ort der Ruhe, der Entspannung, der Muße – und der Bücherwürmer, ein literarisches Gartenhäusl, in dem die Zeit wirklich langsamer zu fließen scheint. Wein umrankt die Giebel, im Inneren findest du eine kleine Sitzecke und eben jede Menge Geschichten zwischen Deckeln, die für ein paar Stunden die Welt bedeuten können. Zur Adventszeit werden die Bücher weggeräumt. Dann findet eine Krippe hier ihren Platz.

Wer sich bei einer kleinen Wanderung schon vorher entspannen will, folgt dem der bekannten Literatin gewidmeten »Luise Rinser Weg« von Kirchanschöring bis zum Güßhübel, auf dem die Lese-Oase thront.

Glaubt man den Einheimischen, ist die Kuppe des Güßhübels sogar ein magischer Kraftort – für alle anderen ist er ein Auszeit-Ort. Auf hölzernen Liegen kannst du dich im Sommer niederlassen und im Schatten der Apfelbäume in den Büchern stöbern. Neben Romanen findest du vor allem Literatur über Bayern: Fotobände und Geschichtsbücher, Reiseführer, Traditionsgeschichte sowie Land-Zeitschriften und das aktuelle MUH-Magazin.

13 **Bücherhütte Kirchanschöring · Güßhübel 2, 83417 Kirchanschöring · knallerhof.de**

Auf den Spuren der Cäsaren Der Römerweg von Seebruck

Mach es wie die alten Römer: Wandere für's innere Gleichgewicht. Der *Archäologische Rundweg* im Norden des Chiemsees führt dich zu Fuß oder auf dem Radl zu frühgeschichtlichen Fundstätten, prähistorischen Bodendenkmälern und rekonstruierten Museumsstätten. Binnen eines Wimpernschlags wandelst du so 4000 Jahre in die Vergangenheit, erlebst Geschichte hautnah und spürst: Langsamkeit ist ein Genuss!

Start ist am Römermuseum Bedaium in Seebruck, ein Ort, der als besterforschte Römersiedlung Bayerns gilt. Hier am Ufer begannen damals die Siedler Wälder zu roden und so Häuser und erste Dörfer samt Wirtshaus und Handwerkerviertel zu bauen. Lass Station 1 mit dem Museum aus und setz sie ans Ende deiner Tour. So kannst du die Funde, die dir unterwegs in Form von Repliken begegnen, am Schluss gesammelt sehen.

Abseits von unseren heutigen großen Straßen führt der Weg auf den Straßen der Römer von Seebruck über Truchtlaching bis nach Seeon. Insgesamt zehn Stationen gilt es zu entdecken: Die Schautafeln und Bilder führen dich immer tiefer hinein in die Zeit der Gladiatoren, Hügelgräber, Keltenschanzen und Fluchtburgen. Ein beeindruckender Stopp ist der Grabhügel von Steinrab, der rekonstruiert wurde: Über ein Fenster wagst du einen Blick ins Innere der Grabkammer.

Für den ganzen Rundweg von 22,6 km Länge brauchst du zu Fuß etwa 6,5 Stunden.

← Nachbau eines uralten Gehöfts am archäologischen Rundweg

INSIDER-TIPP
Verschiebe auf später

 14 **Archäologischer Rundweg • Start: Römermuseum Bedaium, Römerstr. 3, 83358 Seebruck • roemer museum-bedaium.byseum.de**

Knips dir den Geist frei Der besondere Fotoworkshop

Ein ruhiges Auge, ein offener Geist und eine Portion Kreativität: Für Fotografin Pia Steen gehört das alles zum Schießen perfekter Bilder am Chiemsees dazu. Ihre Profession ist mehr als nur Sehen, Knipsen, Umsetzen. Sie ist Passion, manchmal eine Sucht und vor allem auch Einstellungssache. Denn nur, wer mit einem offenen, wohlwollenden Auge durch ihre Heimat Chiemgau streift, wird von der atemberaubenden Schönheit ergriffen sein – und diese in Fotos einfangen können.

Rund um das Bayerische Meer und die Alpenlandschaft bietet Pia ganz besondere *Foto-Workshops* an. Ihr Fokus liegt dabei auf dem Ablichten der Natur. Klar, der Kurs zum Thema See an sich mit seinen urigen Stegen, den rustikalen Boosthäusern und vom Ufergras gesäumten Buchten ist einer der beliebtesten. Absolut tiefenentspannend sind die vier Tage im Hochmoor: Nebelschwaden, die ungewöhnliche starre Landschaft und die mystischen Birkenwälder geben dir das Gefühl, dass die Zeit stillsteht. Besonders das Licht in Verbindung mit Bodennebel und abgestorbenen Bäumen und Berglandschaften sorgen für bizarre Bilder.

Neben Technik und Belichtung erklärt Pia Steen dir, wie du ein Motiv findest, wie die Komposition des Bildes am besten wirkt und wie du dann im perfekten Winkel anfängst zu fotografieren. Geling-Garantie: 100 Prozent! Auch die Nachbearbeitung sowie das Finetuning mit technischen Filtern und künstlerischen Kniffen erklärt dir die Profifotografin. Auch Tagesworkshop zu Murmeltieren, zum Sternenhimmel oder zur Wimbachklamm bietet sie an. Also, ran an den Auslöser!

15 **Foto-Workshop mit Pia Steen • 83253 Breitbrunn • piasteen.de**

Schlagfertig
Den Golf-Quicky üben beim City Golf

Kurz raus aus dem Alltag, rein in die Entspannung: Nicht wenige Rosenheimer schwören auf den kleinen *City-Golfplatz* und seine fast schon magische, beruhigende Wirkung. Schon die Lage ist sensationell: Der 9-Loch-Platz liegt zwischen einer Island-Pony-Zucht sowie dem Floriansee und Happinger Ausee inmitten von viel, viel Grün. Mit dem Auto hast du ihn nach zehn Minuten von Rosenheim City aus erreicht.

Früher war hier ein Maisfeld, heute werden die Bälle geschlagen, dass der Rasen nur so fliegt. Das längste Loch ist gerade mal 138 m lang und in einer Stunde hast du dich gut über alle Fairways gespielt. Vorbeikommen kann jeder, eine Mitgliedschaft braucht es hier nicht, genauso wenig wie eine Voranmeldung oder fixe Startzeit. Wer kommt, spielt, ohne Buchung – und das das ganze Jahr. Denn Schnee fällt hier kaum einmal. Was den Platz bei Anfängern so beliebt macht: Sie können sich ausprobieren und haben dank der kurzen Distanzen schnell Erfolgserlebnisse. Ein PGA-Pro gibt dazu Trainerstunden. ==Sonntags um 14 kannst du bei der Trainerstunde umsonst schauen, ob dir das Spiel liegt. Bitte anmelden!==

Auf der Driving Range und im Kurzspielbereich kannst du dein Spiel nach deiner 9-Loch-Runde weiter verbessern. Das Clubhouse bietet eine überschaubare, aber gute Speisekarte, an heißen Tagen wird der Grill angeschmissen. Naherholungsgebiet ist das Areal südöstlich von Rosenheim immer noch. An heißen Sommertagen lohnt es sich auf jeden Fall, die Badehose einzupacken und einen Sprung in einen der nahen Seen zu wagen.

← Erste Golfer-Schritte machen, kurzes Spiel üben – und danach in den See!

INSIDER-TIPP
Gratis schnuppern

 City Golf • Moosbachstr. 1, 83026 Rosenheim • citygolf.de

Bierige Entspannung
Finde zu deinem Hopfen-Ommm

→ **Gemütlich beisammensitzen inmitten der Brauerei? Zum Beispiel bei Camba in Seeon**

Setz di her, samma mehr! Das urbayerische Motto lässt sich besonders gut in den regionalen Brauhäusern des Chiemgaus verwirklichen. Und da Hopfen bekanntlich beruhigend und ausgleichend wirkt, wirst du schon nach dem ersten Schluck dein inneres Bayern-Omm finden. Von Hand und frei Haus wird noch in einigen Städten gebraut – Griabigkeit pur. So etwa bei *Camba Bavaria*, den Pionieren des Chiemsee Pale Ale. In der einstigen Mühle an der Alz von Truchtlaching entstand 2008 die erste Craft Beer Brauerei der Region überhaupt. Inzwischen sind die Sudkessel samt Bier-Ladl und Bäckerei (mmh, Malzbrot!) nach Seeon übergesiedelt. Helles, Weißbier, Märzen, Dunkles, Pale Ale, eine Braumeisteredition … 18 Sorten plus limitierte Sondereditionen kannst du hier genießen und kaufen.

Mit regionalen Biorohstoffen arbeitet die *Simsseer Braumanufaktur*. Hier kommt Unfiltriertes in die Flasche, sei es als Kellerpils, Zwickl, alkoholfreies Dinkelbier oder Strandweiße. Besonders guad schmecken die Sorten im braueigenen Biergarten, mit direktem Blick auf den namensgebenden Simssee.

Ein echtes Unikat und ein bissl aus der Zeit gefallen ist das *Baderbräu am Schnaitsee*. Sechs Freunde brauen im alten Baderhaus von 1532. Märzen-, Dunkel-, Hell- und Weißbier werden neuerdings in 0,33-Zwergl-Flaschen verkauft. Donnerstag ist Hofverkauf und quasi Verkostungsstunde im Biergarten oder Bräustüberl.

17 **Camba Bavaria • Gewerbering 3, 83370 Seeon • camba-bavaria.de • So geschl.**

18 **Simsseer Braumanufaktur • Krottenhausmühlstr. 42, 83071 Stephanskirchen • simsseer.de**

19 **Baderbräu Schnaitsee • Baderweg 4, 83530 Schnaitsee • baderbraeu.de**

Lass die Seele atmen
Feng Shui im Wellnessgarten

↓ Saunieren, ruhen, rat-schen – und vielleicht eine Erfrischung im Naturteich?

Entdecke deinen Körper mit allen Sinnen, spüre, wo es ziept und zwickt und wie sich ganz allmählich Ruhe, Entspannung und Gelassenheit in dir ausbreiten. Ein Tag im *Wellnessgarten* von Waging am See ist wie ein Kurzurlaub für die Seele. Loslassen, ins Baumeln kommen, tief in sich hineinspüren – dafür sorgt schon allein der Sinnesgarten mit seinem Naturschwimmteich.

Herzstück dieser bayerischen Relax-Area sind aber die sieben unterschiedlichen Saunabereiche mit Ruhe- und Ratschräumen

(denn immer nur Schweigen geht ja auch nicht!). Neben der klassischen Infrarot- und Dampfsauna findest du eine bayerische Kräutersauna mit würzigen Aufgüssen und eine bis zu moderaten 70 Grad warme Bio-Sauna. Richtig dufte wird es in der Heubodenkabine, die die Durchblutung fördert und besonders entschlackend wirkt. Etwas ausgefallender ist die finnische Heilsteinsauna, in der du so richtig ins Schwitzen kommst. Extra angeboten werden Honig-Peelings, Aufgüsse, Ginko-Wellness und Aroma-Salinensalz für zarte Haut. Danach fällt dir der Sprung in den schön beleuchteten Naturbadeteich umso leichter.

Dazubuchen kannst du ayurvedische und chinesische Massagen sowie Sport- und Fußreflexzonen-Behandlungen. Abgerundet wird das Seelenstreichler-Programm mit Klangschalen-Therapie, Reiki und einem Teehaus mitten im Zen-Garten, in dem im Sommer Schwertlilien und Riesenmohnblumen florieren. Übrigens: Wer länger bleiben will, kann in dem angrenzenden Hotel übernachten. Die Tageskarte kostet 35 Euro.

20 **Wellnessgarten • Am See 7–9, 83329 Waging am See • wellness-hotel-tennis.de**

Hier ist was los, hier steppt der Bär. Und du: mittendrin. Stürz dich rein ins pralle Leben, in die urigsten Events, die stimmungsvollsten Konzerte, die angesagtesten Festivals. Man lebt schließlich nur einmal!

Das pralle Leben

In Feierlaune das ganze Jahr

Vom Glück der Erde
Das Chiemsee-Pferdefestival

→ **Auf Gut Ising kannst du Reitsport treiben und bewundern, wer übernachten will: Das 4-Sterne-Hotel Gut Ising liegt am Platz**

Alles, was Rang und Pferdesinn hat, kommt im September an den Chiemsee. Dann findet in Chieming das *Chiemsee-Pferdefestival* statt. Ein Spektakel, eine Show, ein Ort mit ganz besonderem Flair – auch für Nicht-Pferdefans. Aber natürlich stehen die Pferde im Mittelpunkt. Es gibt Spring- und Dressur-Wettbewerbe mit internationalen Stars der Szene. Olympioniken, Welt- und Europameister zeigen hier ihr Können in einem heimeligen Rahmen – und vor allem vor der Kulisse des Bayerischen Meers. Besonders gefördert wird der Nachwuchs – und zwar der vierbeinige. Bei den Fohlenauktionen werden die Champions der Zukunft präsentiert, die Kennern schon mal an die 25 000 Euro wert sind ...

Umrahmt wird das Pferdefestival an jenem Wochenende von den Isinger Marktwochen: Ob Lammfellmäntel, praktische Reittaschen oder die neusten Pferdeanhänger, ob Accessoires für Hunde und Pferde oder Trachtenjanker für Reiter – es gilt, jede Menge zu entdecken. Auch auf der gesundheitlichen Ebene: Händler aus ganz Deutschland stellen Mineralfutter für Pferde vor, auch über Physiotherapie für Pferde kannst du dich hier schlaumachen. Dazu gibt es Stände mit leckeren Süßwaren und italienische Feinkostverkäufer mit Parmesan, Grissini und Salami im Gepäck. Kinder toben sich hier aus, sei es beim Kinderschminken, Ponyreiten oder den ersten Jonglierversuchen mit dem Chieminger Clown. Akrobaten und Feuertänzer sowie Livemusik und Tiershows sorgen dafür, dass es auf dem Areal nie langweilig wird. Der Eintritt ist frei.

 Chiemsee-Pferdefestival • Reitsportanlage Gut Ising • Kirchberg 3, 83339 Chieming • chiemseepferdefestival.de (jährlich im September)

Autoren an besonderen Orten **Das Literaturfest Leseglück**

Ferne Welten, neue Freunde, große Abenteuer und brenzlige Liebesgeschichten. All das könnt ihr beim *Literaturfestival Leseglück* erleben – und müsst euch nicht mal weit von eurer Heimat fortbewegen. Das Leseglück ist nicht irgendein Literatur-Event. Die Veranstalter wollen Regionales wiederentdecken, aber auch Geschichten in den Chiemgau holen, die noch unbekannt sind. Vom Kinderbuch bis zum großen Drama-Wälzer ist alles dabei. Mal auf Hochdeutsch, mal im bairischen Dialekt, mal mit Anspruch, mal als leichte Unterhaltung.

Dazu finden Lesungen und Treffen mit Autoren an ungewöhnlichen Locations statt: Das Kloster Seeon ist natürlich eine Anlaufstelle, auch das malerische Schloss Stein, die kultige Camba Brauerei mit ihren Craft-Bieren, das Kulturzentrum in Traunreut sowie das Bauernhausmuseum in Amerang, wo du zwischen Pflug und Rosenhecke in Literatur eintauchst.

Einige der Events sind mit Musik, andere mit Schmankerl, wieder andere zum Wegträumen. Beim Poetry-Slam-Abend wird wild mit Worten um sich geworfen. Bei interaktiven Lesungen für Kinder kommen die kleinsten in einen Literaturgenuss, der vollen Körpereinsatz braucht. Es gibt ein Weißbier-Requiem oder auch Erzählungen rund um die bayerische Schriftstellerin Lena Christ, die vielleicht einige der schönsten Erzählungen über Bayern geschrieben hat. Religiöses Innehalten ist beim Leseglück möglich, wilde Partyabende aber auch.

← Die Schauspieler Stefan Murr, Johanna Bittenbinder und Heinz-Josef Braun haben Spaß – und zwar bei ihrem Märchen »Käfer Mary und die Kakerlaken-Mafia«

← Michael Lerchenberg und Florian Burgmayr widmen sich Scheinheiligen und Heiligen

2 **Literaturfestival Leseglück – grenzenlos Literatur • verschiedene Locations, u. a. Kultur- und Bildungszentrum Kloster Seeon, 83370 Seeon • leseglueck-grenzenlos.de (jährlich Ende Januar bis Mitte Februar)**

Music on fire Das Klassik-Konzert »Thumsee brennt«

→ Vor traumhafter Kulisse Klassik-Ohrwürmer genießen

So hast du Klassik noch nie erlebt! Beim Konzert »*Thumsee brennt*« in Bad Reichenhall sind alle gängigen Klischees ad acta gelegt. Es gibt weder Dresscode, noch starre Theaterstühle, weder ausschließlich Beethoven noch ein Vanilleeis mit heißen Himbeeren. Dafür: die große Madlbauerwiese mit Blick auf Predigtstuhl und eine Picknick-Atmosphäre at its best. Rund 7000 Leute finden jedes Jahr zu dem Sommerkonzert der besonderen Art. Profis bringen Decken, Brotzeit und bequeme Schuhe zum Tanzen für den Abend mit, setzen sich auf den Hang hoch über der Bühne. Dann geht's schon los: Die 40 Musiker der Bad Reichenhaller Philharmoniker spielen ein Cross-Over-Programm von Walzer bis Filmmusik, vom Louis Armstrong-Medley bis zum Geigensolo. Bräsig? Kein Stück! Mal springt die Stadtkapelle für extra Action ein, mal ein Dudelsackspieler oder der Dirigent erzählt eine spannende Geschichte darüber, was das nächste Stück so originell macht. Während rundum langsam die Lichter der Nacht angehen, versinkst du immer mehr in den Klängen von Brahms, Hans Zimmer und Rockballaden, die in neuem Gewand erschallen. Mit einem Feuerwerk schließt das Konzert. Das Highlight erwartet dich am Ende: Es ist schon fast Tradition, dass du als Publikum auf dem Parkplatz zu den letzten Klängen Walzer, Polka und Can-Can mittanzt. Klassik kann eben auch ganz anders sein …

 »Thumsee brennt« • am 2. Samstag im Juli (Ausweichtermin bei Regen: 3. Samstag) • Madlbauerwiese, 83435 Bad Reichenhall • brphil.de/konzertreihen/der-thumsee-brennt

Von Wichteln und Webern Die Halsbacher Waldweihnacht

Auf diesem Natur-Christkindlmarkt findest du mitten im Wald Wurzeln, Wichtel und Weber. Die *Waldweihnacht von Halsbach* ist ein besonderes Advents-Kleinod, dass dich direkt in deine Kindheit zurückversetzt. Es duftet nach Glühwein und heißem Most, nach Ragout, Crêpes und frisch gebackenen Zimtsternen. Rund 120 Marktkaufleute und Handwerker tummeln sich auf dem Areal inmitten von Tannen und lichten Waldstücken. An 17 Tagen – beginnend mit dem Freitag vor dem ersten Adventssonntag des Jahres – kannst du zwischen ihnen spazieren, schauen, kaufen und jede Menge erleben: Ein Künstler schneidet mit einer Kettensäge Skulpturen aus Holz, Spielzeugtiere und Kegel werden frisch bemalt, Glasbläser ziehen vor deinen Augen Christbaumkugeln, die du mit deinem eigenen Motiv bemalen kannst. Das Sprichwort wird hier wahr: Ein Drechsler fertigt flexible BHs aus Holz. Wer es ernst meint: Auch hölzerne Eheringe hat er im Angebot.

Nichts ist hier von der Stange, aus dem Katalog oder aus China. Die Bastler stammen aus der Region und spiegeln das Kunsthandwerk des Chiemgaus auf besondere Art und Weise wider. Romantisch wird es zur Dämmerung: Dann spielen Alphornbläser und Jagdkapellen auf, am 5. und 6. Dezember schaut der Nikolaus vorbei. Die Kinder von Halsbach werden für zwei Wochen zu Waldwichteln, die hier ihre eigene Hütte haben und andere Kinder zum Basteln, Malen oder Träumen einladen. Jeden Tag führen sie auch ihren Wichteltanz auf.

← Weihnachtsflair pur – von Bäumen bewacht

INSIDER-TIPP
Holz vor der Hütte

4   Waldweihnacht Halsbach • Spielhof 58, 84553 Halsbach • waldweihnacht-halsbach.de

Aber bitte mit Wok!
Das Streetfood-Festival »Lebensgfui«

Manchmal pocht das Herz so laut für deine Heimat, dass es fast springen mag. So auch beim Foodtruck-Festival »*Lebensgfui*« rund um den Chiemsee. Zum einen sind Schmankerl wie Spanferkel-Burger oder panierte Renke in der Semmel dafür verantwortlich. Zum anderen aber die unfassbar entspannte Atmosphäre auf dem Genuss-Markt. Es geht hier nicht nur um gutes Essen, sondern auch um die Verwurzelung in der Region, das »Gfui«, bei dir und in deiner Heimat angekommen sein.

Dafür wird einiges aufgefahren: umgebaute Schulbusse, Cocktailstandl und Wok-Live-Stationen finden zu einem Potpourri zusammen. So gut wie alles wird frisch gekocht und gemixt, geschwenkt und gebraten. Von Dorfen bis Kaufbeuern, von Salz-

↓ **Beim Streetfood-Festival geht's ganz allgemein um's Lebensgfui ...**

↓ **... und ganz speziell um's Kulinarische**

burg bis Starnberg kommen die Foodtrucker mit kulinarischen Überraschungen: vegane Wraps, Frozen Joghurt, Ziegenkäse-Buns, Maultaschen, Wok-Hähnchen mit Bärlauch oder Rote Beete-Kokos-Curry. Tiefkühlkost? No way! Wichtig ist den Veranstaltern, das Essen aus aller Welt in Bayern zu verankern. So findet das Familienfest »Lebensgfui« im August immer an einem Ort statt, der See und Alpen verbindet, etwa auf der Hofangerwiese in Gstadt oder der Festwiese in Bernau.

Die Kampenwand im Blick kannst du dich dann in deinen Liegestuhl oder auf die Lounge-Paletten fallen lassen, ein Auer Bräu schlürfen und Kindern dabei zusehen, wie sie Stockbrot über dem offenen Feuer braten. Denn auch das ist Lebensgfui: Tradition an die nächste Generation weitergeben. Mit zehn bis 15 Imbiss-Wagen ist das Festival klein und eben delikat-fein. Der Eintritt ist frei.

5 **Lebensgfui Festival • am 1. Augustwochenende im Chiemseepark Bernau-Felden, 83233 Bernau am Chiemsee • Mitte August auf der Hofangerwiese an der Seestr., 83257 Gstadt am Chiemsee • lebnsgfui. com**

Wo die wilde Musi spielt Das Grimmig & Grantig

Aufgspielt is, tanzt' werd! Beim Musikfestival *Grimmig & Grantig* im kleinen Örtchen Bergen rockt und steppt, was das Musik-Repertorie des Chiemgaus zu bieten hat. Und das ist nicht wenig! Namhafte Bands wie LaBrassBanda, Django 3000, Lenze & de Buam, die Mundwerk Crew oder Sängerin Claudia Koreck kommen vom Bayerischen Meer und haben zum Teil internationalen Erfolg. In dieser neuen Musiktradition sieht sich auch das Grimmig & Grantig: Rund 20 Bands spielen auf zwei Bühnen auf, dass der Beat nur so in dein Blut fährt.

Das Festival ist dabei wie ein Überraschungsei: Querbeat geht es durch die Szene, von Brass-Sound bis Rock, von Sprechgesang bis Pop, von Blasmusik bis Jazz. Viele der Künstler kommen natürlich aus der Region – wie auch Lenze & de Buam oder Zwoa Bier –, viele finden aus Bayern her – wie Kofelgrschoa –, und eine Band sogar aus Argentinien: La Fanfarria del Capitan machen sich fast jedes Jahr mit Gitarre, Ziehharmonika, Geige und Posaune nach Bayern auf, um mit ihren Folksongs dieses kleine Musikspektakel zu rocken. Genau zwölf Stunden pressen die Bands das Beste aus ihren Instrumenten im Kurpark heraus. Punkt Mitternacht ist Schluss, dann wird in den umliegenden Clubs, Bars und Wirtshäusern weitergefeiert. Übrigens: Den Eintrittspreis bestimmst du selbst, du gibst so viel, wie dir der Abend wert ist.

6 **Grimmig und Grantig • Kurpark, 83346 Bergen • grimmigundgrantig.de (jährlich an einem Samstag Anfang Juli von 12 bis 0 Uhr)**

← **Woodstock im Kurpark**

Der Lauf der Berge
Der Chiemgau Trail Run

→ Auf schmalen Pfaden durch die Natur

Die zentrale Frage gleich am Anfang: Nimmst du die Herausforderung an? Der *Chiemgau Trail Run* ist nichts für müde Wadeln, aber: Du musst auch kein Laufprofi sein, um an dem Dauerlauf in und um Marquartstein teilzunehmen. Die Strecke S ist 10 km lang – und sollte für Jogger mit Training und Ehrgeiz zu schaffen sein. Vor dem Rathaus schnürst du ein letztes Mal die Schuhe, dann geht es los unter dem Lärmen der Zuschauer, mit aller Energie, die du hast: Du passierst die Wälder von der Hochplatte, eilst über Forstwege durch die wunderschöne Berglandschaft des Chiemgaus. Dein Läuferherz wird höher schlagen und vor allem schneller! Gut 500 Höhenmeter gilt es unterwegs zu überwinden, nach etwa zwei bis zweieinhalb Stunden bist du am Ziel dieses spektakulären Naturlaufs – mit Bergluft und Endorphinen in den Adern.

Klar, Profis nehmen sich die XL-Runde mit 60 km vor, die schon mit dem Sonnenaufgang vom Marktplatz in Richtung Berge startet und über drei Gipfel führt – vorbei an einigen der schönsten Ecken des Chiemgaus überhaupt. 13,5 Stunden sind die Profiläufer unterwegs. Für Bessertrainierte gibt es zudem Distanzen über 21 und 42 km. Allen Strecken ist gemein, dass sie dich in die Berge zu Laufplätzen führen, die an Schönheit kaum zu überbieten sind. Für alle, die nur zuschauen möchten bei diesem Renn-Spektakel im Mai, gibt es Livekonzerte, jede Menge Essensstände und eine Cheering Zone am Kurpark, an der gefeiert wird!

 Chiemgau Trail Run • Start: Rathausplatz 1, 83250 Marquartstein • chiemgau-trail-run.de (jährlich am ersten Mai-Wochenende)

Wilde Muster, fesche Leit Der Trachtenmarkt Neubeuern

Seide, Samt, Rüscherl, Leder, Stickerei und Baumwolle: Der *Trachten- und Handwerkermarkt Neubeuern* bietet eine breite Palette an Dirndln, Lederhosen und Co. Und zwar ohne Klimbim, sondern mit Tradition. Schönste Baumwolldirndl, klassische Mieder und Trachtenröcke, aus Hirschleder gefertigte Hosen und viel Tradition stehen hier im Vordergrund. Dafür sorgt der Trachtenverein Edelweiß Neubeuern, der diesen besonderen Markt jedes Jahr im Juni organisiert, und zwar in einem von Bayerns schönsten Dörfern.

So findet ihr an den Ständen und Buden auch ganz besondere Trachten-Kleinode wie von Hand gefertigte Strohhüte, aufwändig verzierte Taschen, Filz-Devotionalien oder selbstentworfene Gold- und Silberstücke, die die Tracht zum Funkeln bringen. Die Handwerker wissen natürlich alles über ihre Produkte und können dir viel über ihre Herkunft und Tradition erklären.

Natürlich wäre so ein Dirndlmarkt ohne Musik nicht komplett. An beiden Nachmittagen dieses Wochenendspektakels spielen deshalb Kapellen und Bands auf, die Trachtenfrauen sorgen mit einem großen Kuchenbuffet für einen Zucker-Push, wer mag, lässt sich von einer Haarflechterin den Kopf passend zum Dirndl verschönern. Wie nebenbei vergeht die Zeit beim Schlendern – und übrigens: Viele der Gäste kommen in Tracht, um dem Markt eine noch heimeligere Atmosphäre zu geben. Kindern wird auch nicht langweilig: zum Beispiel beim Nadel-im-Heuhaufen-Suchen und beim Maßkrugscheiben.

← Schöne Location, uriger Markt

← Mit einem Federhut ist der Nachwuchs schnell begeistert

INSIDER-TIPP
Frag die Fachleute!

8 **Trachten- und Handwerkermarkt Neubeuern • Marktplatz, 83115 Neubeuern • trachtenverein -neubeuern.de (jährlich im Juni)**

Gänsehaut pur Das Moments Festival

→ Direkt am See entspannt genießen, …

→ … tanzen und feiern

Im Moment leben, im Jetzt sein, das Hier spüren. Beim *Moments Festival* im Strandbad Seebruck lässt du für einen Tag alles hinter dir und spürst nur den Sound. Das elektronische Musikfestival ist ein echtes Schmankerl im Festival-Kalender des Chiemgaus. Von Mittag bis Mitternacht tanzt du auf Gras oder im flachen Seewasser, triffst alte und neue Freunde und genießt den Blick auf die Kampenwand, die abends in flammendes Rot-Gold gehüllt ist.

Bekannte DJs wirst du hier nicht finden, dafür das Beste aus der Subkultur- und Indie-Ecke, Nachwuchstalente aus München und Berlin, sogar Livebands aus Kanada oder Kufstein.

Lass dich mitreißen und tauche ein in diesen besonderen Kosmos. Das Team sorgt für allerlei Effekte mit Dekorationen aus Upcyclingmaterialien und Pflanzentrögen, die die vier Bühnen zum Teil in grüne Tanzflächen verwandeln. Aus alten Jeans werden Wellen gebastelt, die die Bühne optisch in Schwingung versetzen, aus Pappe Bunker gebaut, die das Disco-Feeling vollenden. Nachhaltigkeit ist hier nicht nur angedacht, sie ist das Motto: wenig Müll, Emailletassen, regionale, vegetarische Speisen und sogar selbst generierter Solarstrom machen das Moments zu einem Öko-Vorreiter. Gönn dir einen Moment Ruhe auf dem 100 m langen Steg mit Blick auf die Alpen – danach tanze weiter.

Malende Künstler, eine Bastelecke und viel zu gucken runden den Tag am Bayerischen Meer ab. Das Moments Festival findet je nach Wetterlage im August oder September statt.

INSIDER-TIPP
Ruhe vor dem Endspurt

9 **Moments Festival • Strandbad Seebruck, Am Chiemseepark 9, 83358 Seeon-Seebruck • momentsfestival.de • Tickets ca. 40 Euro (je nach Wetterlage jährlich im August oder September)**

Aufgespielt Die Internationale Jazzwoche Burghausen

Die beschauliche Herzogstadt Burghausen wird für eine Woche im März zum Mekka von Musikfans. Dann findet die *Internationale Jazzwoche* in der Alt- und Neustadt statt. Seit 1970 schon treten Größen wie Chat Baker, Dave Brubeck, Chick Corea oder auch Ella Fitzgerald in Kellern, Lokalen und dem Mautnerschloss auf. Burghausen wird dann zum New Orleans Bayerns, zum Ort, an dem Saxophone, Trompeten und Drums von Mauern und Baumwipfeln widerhallen, wo Legenden sich ihren Weg bahnen – und wo Jahr für Jahr auf den Konzerten spannende Anekdoten erzählt werden.

↓ Jazz in the City, und zwar einer ziemlich schönen!

Wie die von Ikone Ella Fitzgerald. 1975 besuchte sie die Internationale Jazzwoche, die Vorfreude bei den Veranstaltern: riesig! Doch kaum in München gelandet weigerte sich die Sängerin, mit anderen Musikern im Bus nach Burghausen zu fahren. Ganz diva-like verlangte sie eine private Limousine – hin und zurück natürlich. Es wurde telefoniert, organisiert und schließlich chauffiert. Die Allüre hatte aber einen guten Grund: Ella Fitzgerald ließ sich ihre Gage vor Ort cash bezahlen: 50 000 Dollar schleppte ihr Agent von der Garderobe in die Limousine – selbst für einen Superstar wie sie damals einfach zu viel, um diese Summe auf dem Schoß im Bus zu transportieren …

Heute bringen Weltstars wie Jamie Cullum oder Lucky Peterson die Bühnen zum Glühen. Die meisten Konzerte sind schnell ausverkauft – also unbedingt frühzeitig auf der Homepage nach Tickets schauen!

 Internationale Jazzwoche Burghausen • verschiedene Spielstätten in der ganzen Stadt, 84489 Burghausen • visit-burghausen.com

Das war ein bisschen viel an Info? Du weißt nicht, wo du anfangen sollst? Na dann, hier kommen ein paar Vorschläge: die Tipps aus diesem Buch, neu gedacht, neu sortiert. Teste dies, probiere das und würfel alles wieder neu zusammen!

Mix & Match

Mach dein eigenes Ding

Kurzurlaub
In zwei Tagen besonders viel erleben

Tag 1

Wasser-Wanderung

In Prien leihst du dir für ein paar Stunden ein Stand-up-Paddle-Board und legst los. Damit geht's zur Herreninsel, inklusive Badestopp an den Ufern auf der Westseite. Das altbekannte Schloss von König Ludwig erstrahlt vor dir in neuem Glanz, während du auf deinem Bord trocknest. → **S. 8**

Stein um Stein

Ein kleiner Abstecher in den Showroom der örtlichen Künstlerin Barbara Nedbal zeigt dir, was alles möglich ist. Ihre Werke aus Naturmaterialien sind in tagelanger Kleinstarbeit mit viel Fingerfertigkeit entstanden. Die Werke mäandern vor deinen Augen. Allein das Anschauen ist meditativ. → **S. 92**

Perfekte Masche

Gönn dir Luxus! Die weiche Cashmere-Ware vom *Amon Store* in Prien ist zum Reinkuscheln, Verlieben und Nie-wieder-Ausziehen. Und erst diese Farben! Wirf einen Blick auf das Regal mit Naturkosmetik – der nächste Geburtstag kommt bestimmt. → **S. 76**

Kräuter mit Schuss

Ab an die Mini-Theke geht's bei *Alpentrunk* in Rosenheims Zentrum. Die kreativen Cocktails (mit oder ohne Alkohol) lindern den Durst, machen Laune und sorgen für Gesprächsstoff. Oder wann hast du zuletzt Brennnessel-Bier mit Ingwer-Schaum getrunken? → **S. 48**

Schleckermaul

Setz dich in die Bauernstube oder den Gemüsegarten und schau, was das Team vom hippen *Landgasthof Hittenkirchen* dir serviert. Allein das Landbrot mit frischem Gemüse wird dich geschmacklich umhauen! Wenn du versacken magst: Zur Wirtschaft gehört eine kleine Pension mit Seeblick. → **S. 19**

Tag 2

But first …

… coffee! Nun mal ganz langsam … Bei den *Kava coffee roasters* in Traunstein kommst du mit Bedacht in Schwung. Genieß die Fairtrade-Variationen aus aller Welt und lass dir den Milchschaum auf der Zunge zergehen, während der Tag griabig beginnt. Pack einen Brownie für später ein. → **S. 44**

Radl-Wadl

Diese Tour macht den Kopf frei! Mit den Bikes vom *Chiemgau KING* in Ruhpolding geht es durch Auen und Wälder, über Bergplateaus und durch Täler, vorbei an Gebirgsflüssen und Kaiserschmarrn-Optionen. Im Weitsee gönnst du dir eine Abkühlung und trittst danach munter die letzte Etappe dieser grandiosen Radl-Rallye an. → **S. 117**

Limo mit Zisch!

Im *LadenBergen* findest du Allerlei, was du brauchst, aber nie brauchen wolltest. Produkte aus der Region werden dich später beim Frühstück daheim an diesen Tag erinnern. Unbedingt eine der Limonaden mit exotischen Geschmacksrichtungen auf der Terrasse probieren. → **S. 64**

Kultur

Jetzt braucht's Köpfchen und Kombinationsgabe. Rätsel mit über den Mord auf der *Zirmberg Alm* und hilf Kommissar Ganglhofer, den Mörder zu finden. Gruselig ist hier nix, dafür werden deine Lachmuskeln zittern, bis der Schweinsbraten bebt. → **S. 110**

Mehr Glitzer im Leben

Ab 22 Uhr wird's funkelnd. Auf der Winklmoosalm kannst du das Sternenzelt über dir genießen. Eine Führung durch den Dunkelpark ist noch romantischer und macht nebenbei schlau. Andromeda und Großer Wagen sagen dir: Gute Nacht. → **S. 16**

Auszeit
Ein herrlich entspannter Tag

Frühstück mit Ziege

Vor dem Frühstück in die Natur – herrlich. Beginne den Tag mit einem Spaziergang auf die *Moaralm*. Genieße den Blick übers Tal von den großen Holzliegen aus und vergiss die Zeit. Ziegenbock Elvis freut sich übrigens über ein Stückerl trockenes Brot. → **S. 139**

In Ruhe lesen

Tauche ein in fremde Welten. Im *Gemüsegarten der Bibliothek Rosenheim* liest sich jeder Roman, jedes Magazin noch etwas entspannter. Einen Mitgliederausweis brauchst du nicht. Wenn du magst, pflück ein paar Tomaten für deine Brotzeit. → **S. 136**

Alle Wipfel ruhen

In die stille Welt der Moore entführt dich der Open-Air-Bereich des *Museums Salz und Moor*. Wandele durch eines der größten Hochmoore Bayerns, tauche ein in ein eigenes Universum: Seltsame Pflanzen wachsen hier, dazu voluminöse Pilze und mit etwas Glück siehst du einen der tierischen Bewohner der Kendelmühlfilze. → **S. 27**

Zeit für Brotzeit

Bei der *Manefaktur* in Oberwössen suchst du dir kleine Köstlichkeiten aus. Alles hausgemacht! Stöbern, probieren und die ruhige Atmosphäre in dem Hofladen genießen – famos! Kleiner Tipp: Aus den Sirup-Sorten lassen sich tolle Sundowner mit Wasser oder Prosecco machen … → **S. 59**

Und Servus!

Verabschiede den Tag am *Samerberg* mit einem atemraubenden Sonnenuntergang. Von der Aussichtskapelle aus hast du den Traumblick über See und Berge. Park dein Auto, schnapp dir eine Decke und dann: kommt dein Picknickkorb zum vollen Einsatz. Den schönsten Blick hast du rechts vom Marterl, während der Relax-Tag sich neigt. → **S. 131**

Weltreise
Exotische Orte ganz nah

Von Japan nach Frankreich

Im Restaurant *Michael's Leitenberg* gibt es Zutaten aus Nah und Fern. Fisch aus der Bretagne, Algen aus Japan, Fleisch aus den USA. In seinem Kulinarium könnt ihr die Welt geschmacklich entdecken – und müsst nicht mal weit fliegen oder eine Fremdsprache lernen. Denn: Hier spricht man Bairisch. → **S. 39**

Viva Mexiko!

Mit einem Taco in der Hand, den Sonnenuntergang vor der Nase, ja, da könnte man meinen, direkt an einem echten Meer zu sitzen. Ist aber »nur« der Chiemsee, doch am Kiosk *Lake O'Mio* ist die große Welt ganz nah. Falafel aus Israel, Tacos aus Mexiko, Calamari aus Spanien – gibt's hier alles. → **S. 132**

Zeitreise

Beam dich in die Eiszeit! Auf der *Eggstätter Seenplatte* ist das möglich. In dem Moor wandelst du zwischen Blüten und Farnen, die so schon vor abertausenden von Jahren hier gestanden haben. Auch die Libellen stammen aus dieser Zeit. → **S. 124**

Auf nach Transsilvanien!

Bei einer *Fledermausführung* erlebt ihr die geheime Welt der Mini-Draculas. In der Ausstellung gibt's Besserwisser-Fakten, dann spaziert ihr im Dunkeln zu den Baumriesen, wo die Nager ihre »Ferienhäuser« haben. → **S. 134**

Überquere die Grenze

Okay, Österreich ist nicht die weite Welt, aber das Gute liegt bekanntlich manchmal nahe. Bei der Radl- und Wandertour über den Schmugglerpfad querst du tatsächlich von Bayern nach Österreich. Die Grenze markiert der *Staubfall*. Schlendere doch auf einen Verlängerten hinüber! → **S. 106**

Kinderkram
So werden die Kleinen glücklich

Toben mit dem Mammut

Erst ins Naturkunde-Museum, dann Energie auf dem Spielplatz ablassen. Ob Klettern, Balancieren, Rutschen oder Verstecken – der *Generationenspielplatz* an der Weißen Traun bietet für kleine und große Abenteurer viel. Nur keine Zeit für Langeweile. → **S. 109**

Bunte Eierkunde

Warum wird ein Ei bunt? Und wieso mögen Hühner so gerne Klee? All das und vieles mehr weiß Andrea von der *Überseer Eierwerkstatt*. Ihre Hennen legen dazu noch farbige Eier! Wie es dazu kommt und warum Ei nicht gleich Ei ist und Rührei besonders lecker – all das kannst du bei ihr erleben. → **S. 40**

Torte statt Worte

Mampf. Mit den märchenhaften Kuchen vom *Hofcafé Utz* wird jeder glücklich – ansonsten bestellst du den strammen Max mit Spiegelei. Während die Eltern im Schatten des alten Guts ihre Pause genießen, können die Kleinen auf der Schaukel spielen oder die umliegenden Wiesen erkunden. → **S. 52**

Wie ein Indianer

Mit Mama oder Papa im Rücken düst du im *Kajak über den Chiemsee* – ganz wie ein Indianer. Wenn ihr an einer der Inseln angelegt habt, kannst du im Sommer noch ins Wasser hupfen und vielleicht ja die erste Fischsemmel deines Lebens probieren? Danach paddelst du noch schneller. → **S. 102**

Blauer Fuchs und buntes Einhorn

Welche Farbe hat ein Einhorn? Das entscheidest du ganz allein. In der Töpferwerkstatt *Mal mal Küche* verwandelst du weiße Dinosaurier, Fabelwesen und Tiere in kunterbunte Andenken. Die Figuren aus Ton sind schon fertig, mit Glitzer, Bordüren, Pinsel und Aufklebern verzierst du sie genau nach deinen Wünschen. Denn wer sagt denn, dass es keine blauen Füchse geben kann? → **S. 87**

Sauwetter
Wo es bei Regen besonders schön ist

Backt eure Brezn

Draußen ist es kalt, innen mollig warm. Bei den Backkursen wird euch das Herz aufgehen – und auch der Teig. Sowohl *Adventure Bavaria* in Oberaudorf als auch Müllerin *Annelie Wagenstaller* in Riedering zeigen euch in ihren Tages-Workshops, wie ihr feinste Brezen, Sauerteigbrote und Hefezöpfe hinbekommt. → **S. 12, 60**

Trinkkunde

In der Weinbar *Frau Stelze* kannst du hervorragend versacken. Die Keller-bar bietet diverse Weine und viele In-fos rund um Chardonnay und Co. In Wasserburg schützen dich außerdem die Arkaden vor Regen. So gelangst du trocken zu vielen Sehenswürdig-keiten. → **S. 56**

Kreativer Kopf

Schwing die Feder statt den Regen-schirm! Bei den Workshops im *La cuna del arte* holst du das Beste aus einem Schmuddeltag raus. Nahezu täglich gibt es Kurse zu Kalligraphie und Urban Sketching oder Hand-

werks-Tutorials. Anmeldung ist nö-tig, aber auch kurzfristige Anfragen werden bearbeitet. → **S. 83**

Schlammschlacht

Schlüpf in Regenjacke und wasserfes-te Stiefel und ab zum *Reiserer* nach Mühldorf-Oberneukirchen. Dort suhlen sich schon, erfreut über das Sauwetter, die Wasserbüffel. → **S. 54**

Ab ins Mittelalter

Die längste Burg der Welt bietet ei-nen spannenden Tag. Unendlich viele Ecken und Winkel und Geschichten kannst du hier in *Burghausen* trocke-nen Fußes erkunden. Nimm dir Zeit für das interaktive Museum. Hier er-fährst du alles, über die Stadt, die Burg und ihre Bewohner. → **S. 98**

WENN SIE DENKEN, GLISSANDO SEI EIN NEUER WEICHSPÜLER, SOLLTEN WIR UNS ÖFTER SEHEN.

BRPHIL.DE

Dies & Das

Karten, Register und mehr

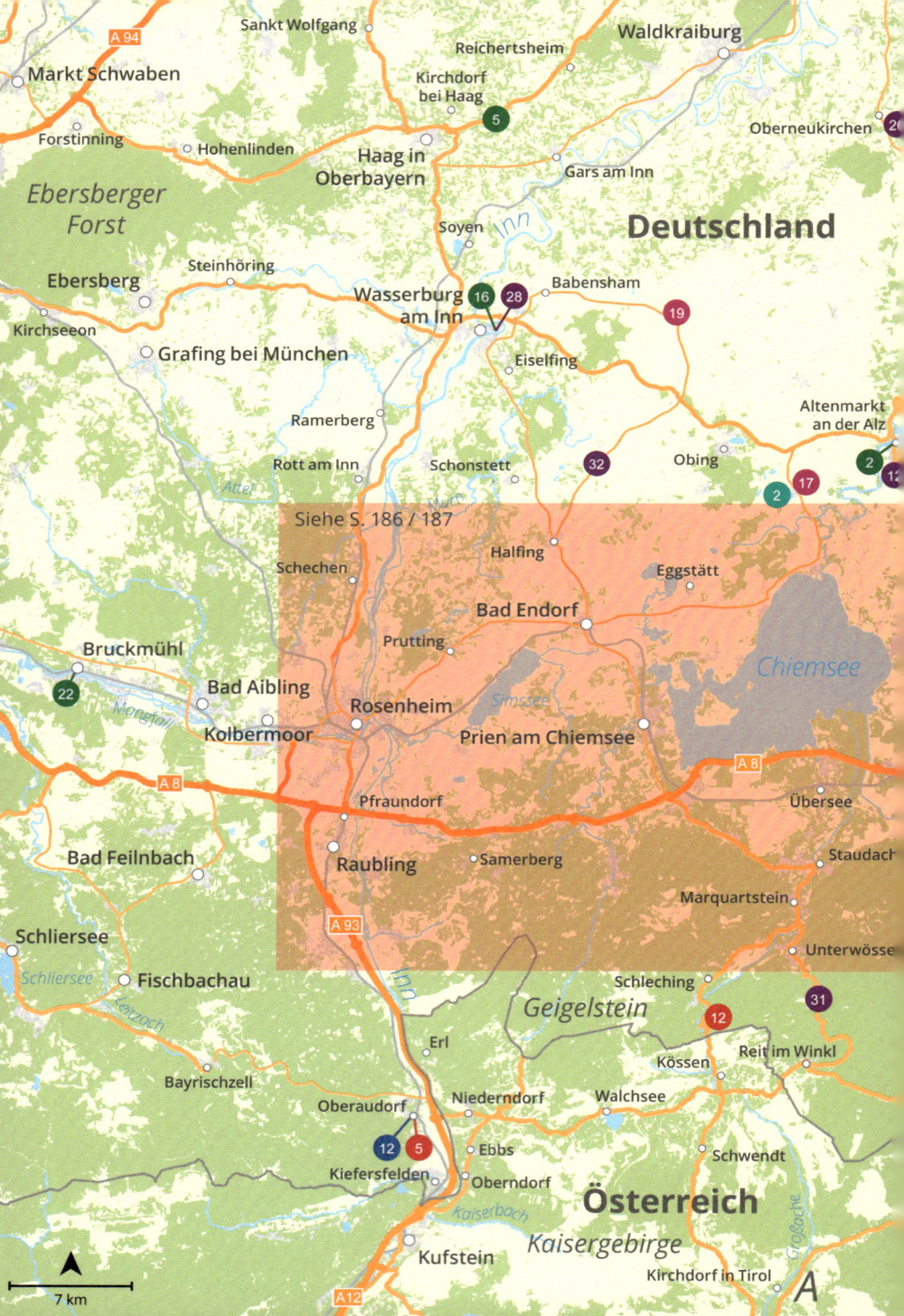

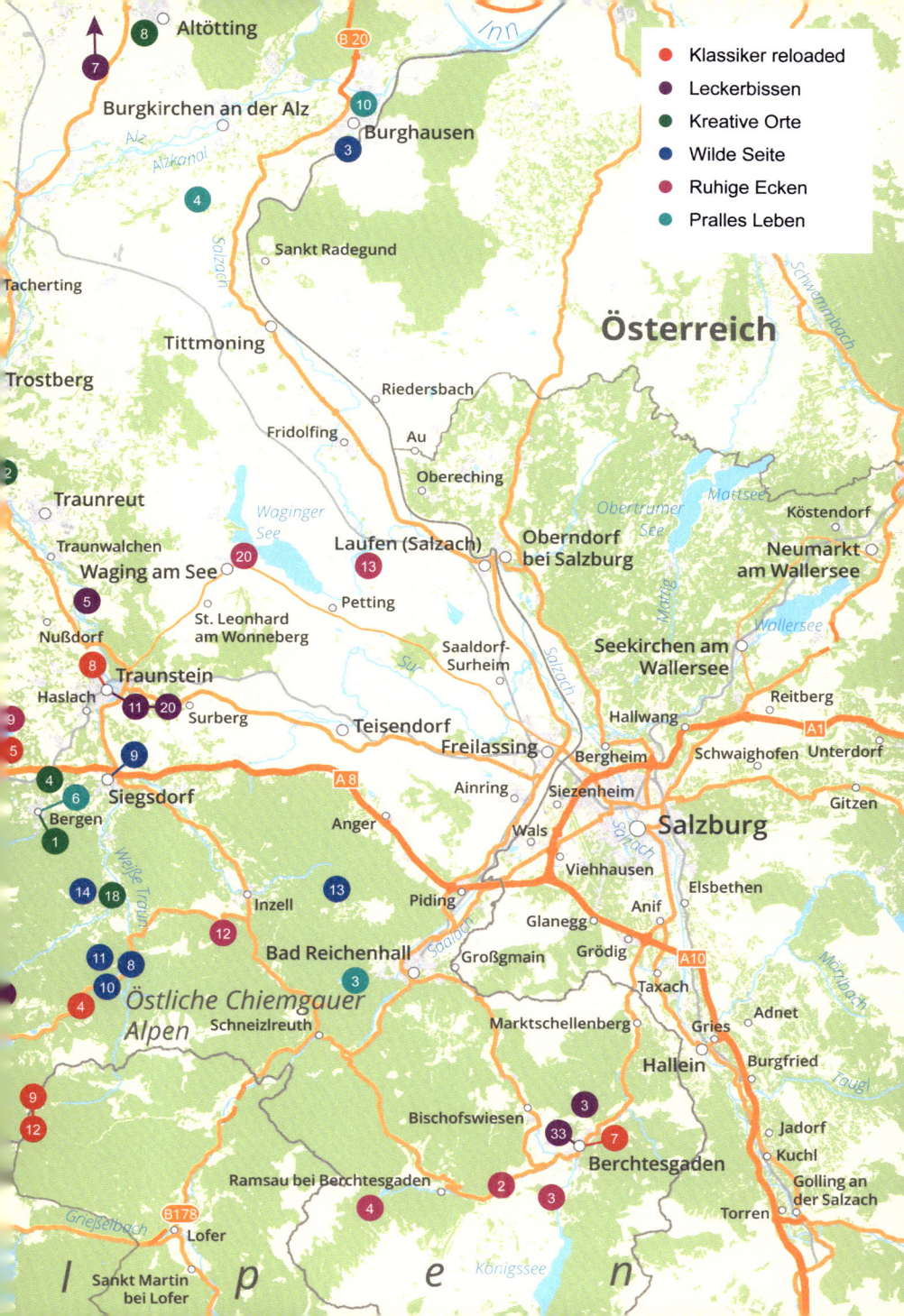

Legend:
- Klassiker reloaded
- Leckerbissen
- Kreative Orte
- Wilde Seite
- Ruhige Ecken
- Pralles Leben

Altötting
Burgkirchen an der Alz
Burghausen
Sankt Radegund
Tacherting
Österreich
Trostberg
Tittmoning
Riedersbach
Fridolfing
Au
Obereching
Traunreut
Oberndorf bei Salzburg
Waginger See
Laufen (Salzach)
Obertrumer See
Köstendorf
Traunwalchen
Neumarkt am Wallersee
Waging am See
Petting
Nußdorf
St. Leonhard am Wonneberg
Saaldorf-Surheim
Seekirchen am Wallersee
Wallersee
Traunstein
Reitberg
Haslach
Surberg
Teisendorf
Hallwang
Schwaighofen
Unterdorf
Freilassing
Bergheim
Siegsdorf
Anger
Ainring
Siezenheim
Gitzen
Bergen
Wals
Salzburg
Inzell
Piding
Viehhausen
Anif
Elsbethen
Bad Reichenhall
Glanegg
Grödig
Großmain
Östliche Chiemgauer Alpen
Schneizlreuth
Taxach
Adnet
Marktschellenberg
Gries
Burgfried
Hallein
Bischofswiesen
Jadorf
Kuchl
Ramsau bei Berchtesgaden
Berchtesgaden
Golling an der Salzach
Lofer
Torren
Sankt Martin bei Lofer
Königssee

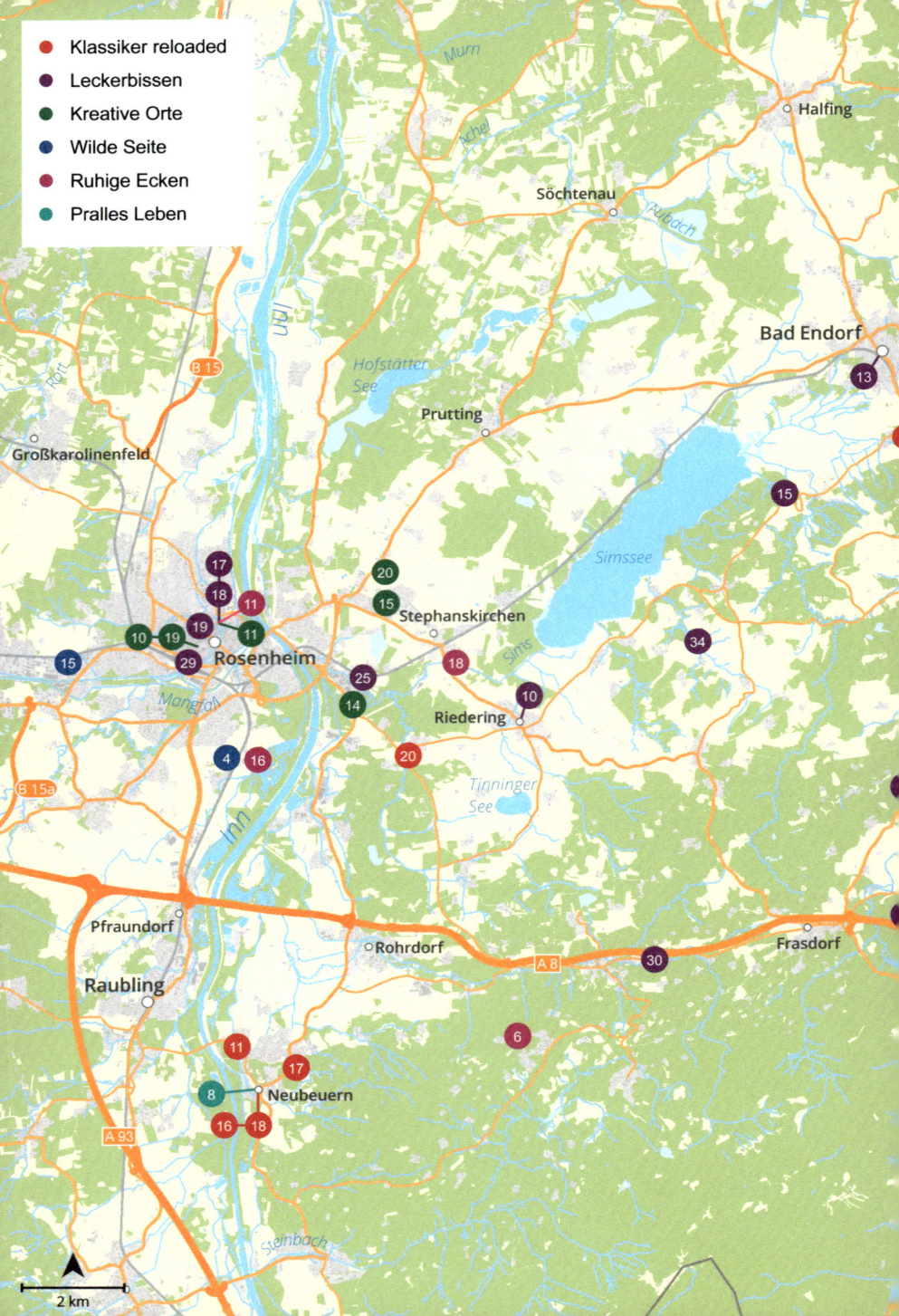

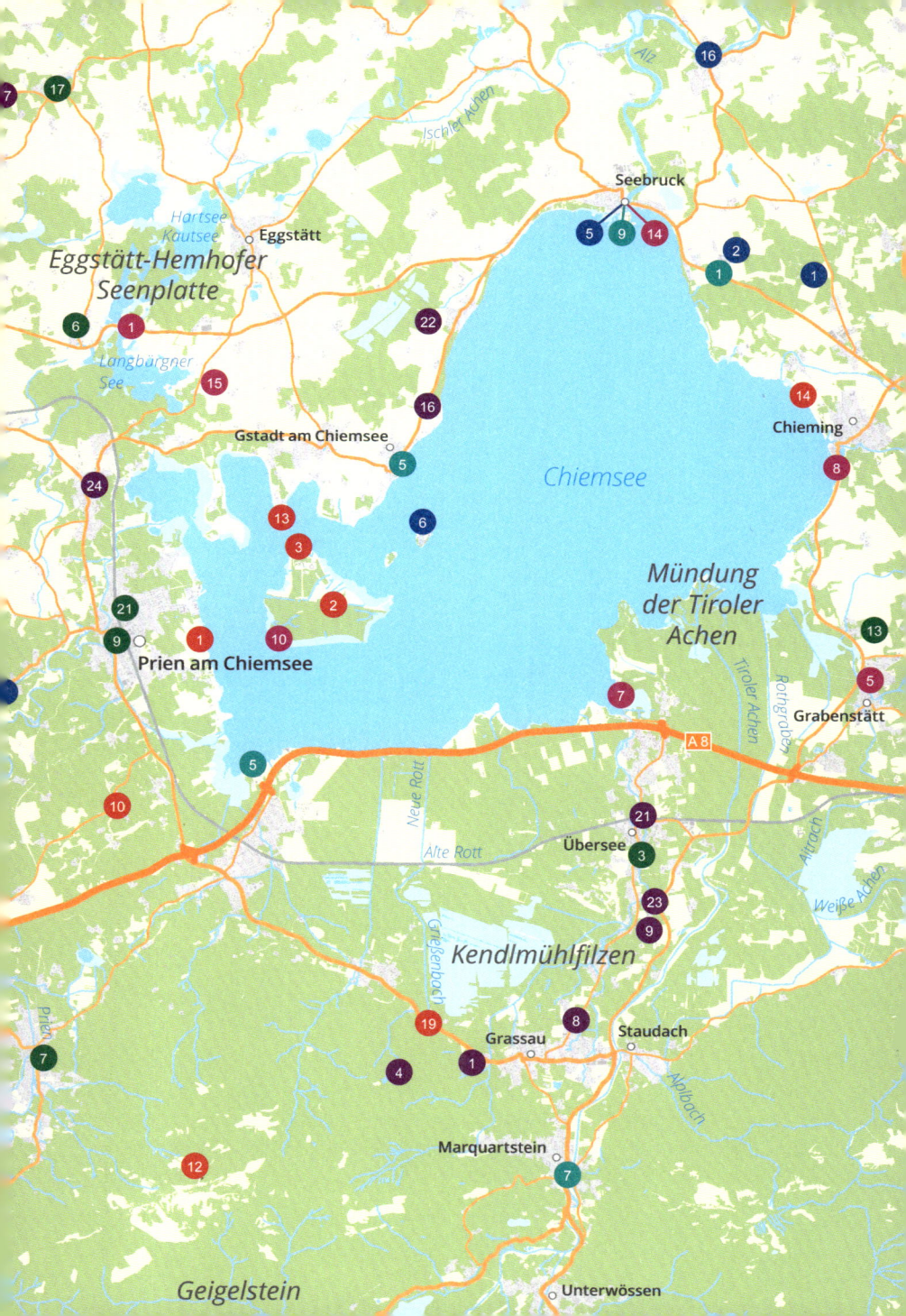

Eggstätt-Hemhofer
Seenplatte

Hartsee
Kautsee

Eggstätt

Langbärgner
See

Chiemsee

Seebruck

Chieming

Mündung
der Tiroler
Achen

Gstadt am Chiemsee

Prien am Chiemsee

Grabenstätt

A 8

Neue Rott

Alte Rott

Übersee

Tiroler Achen

Rothgraben

Aitrach

Weiße Achen

Kendlmühlfilzen

Grassau

Staudach

Grießenbach

Prien

Marquartstein

Aßbach

Geigelstein

Unterwössen

Register

Impressum

1. Auflage 2022
© 2022 MAIRDUMONT GmbH & Co.
KG, Ostfildern

Printed in Italy

Text: Anne Kathrin Koophamel
Gestaltung Titel, U2 + U4:
Eggers + Diaper, Potsdam
Gestaltung Innenteil + U3:
Sofarobotnik – Büro für Gestaltung,
Augsburg & München
Lektorat
Guido Huß
Bildredaktion
Anja Schlatterer
Produktion
red.sign GbR, Stuttgart
Kartografie
© MAIRDUMONT, Ostfildern, unter
Verwendung von Kartendaten von
OpenStreetMap, Lizenz CC-BY-SA 2.0

Bildnachweise

Titelbild: Shutterstock/moreimages

Fotos: abenteuer-sterne.de: S. Vollmer (17); Adventure Bavaria (12, 13); Airstyle Trampolinpark: Just Blond Films (100); Bayerische Schlösserverwaltung/www. schloesser.bayern.de (134, 135); Kirsten Benekam (156 o.); Berchtesgaden Tourismus/www.hermann-meier.de (126 o.); BRM (159); Chiemgau Tourismus e. V (142); Chiemgau Trail Run (167); Chiemgauer Schneidebretter: Felix Picherer (78); Der Reiserer: Matthias Reißaus (54, 55); Dørfkind: Ingolf Hatz (86); Fichters: Johannes Wimmer (69); Fire Kitchen Catering: Michael Steffl (33); Funwerk Chiemgau: A. Weiß (112, 113); Tanja Ghirardini (108); Michael Gimple (162); Grimmig und Grantig: Michi Namberger (164); Gut Ising (155 o.); Hommage an Lotte by Katrin Fischer (25 u.); huber-images: Cornelia Dörr (126 u.), Frank Lukasseck (172/173); Inzell im Chiemgau www. inzell.de (Klappe innen u., 115); k1 Traunreut (156 u.); Isabella Kilian (75); Knallerhof (141); Anne Kathrin Koophamel (Klappe innen o., 9, 10, 18, 22, 25 o., 29, 34, 38, 41, 42, 45, 46, 49, 50, 53, 57, 65, 66, 70, 73, 77, 81, 82, 85, 88, 93, 97, 103, 111 o., 116, 120, 121, 125, 129, 130, 133, 137, 138, 146, 149, 155 u., 176, 177, 178, 179, 181, 191); Anne Kathrin Koophamel/K. Schnitzer (37); Manefaktur: N. Gottschalk (58); moments festival (171); Monatours (104); Naturkunde- und Mammut-Museum Siegsdorf (180); Press the Button (89); Nicole Richter (21); Dominik Schachten für BellaSusi (14); Ralf Schönberger (111 u.); Shutterstock: ByeByeSSTK & Birgit Eggers (192), Ksusha Dusmikeeva (2), hurricanehank (74), Josep Suria (163); Simssee Handweberei: Leonie Wiedenhoff (90); Stadtmuseum Burghausen: Gerhard Nixdorf (99); Pia Steen Fotografie (145); Stuntwerk Rosenheim: Esmerlada Duchan (119); Tourismus Ruhpolding (107); Tourist-Information Grassau (26); VTEV Edelweiß Neubeuern e.V.: Sabine Karl (168 o.), Rainer Nitzsche (168 u.), Annelie Wagenstaller (61); Waldbühne Halsbach (160); Wellnessgarten: Günther Standl (150, 151)

Die Autorin

Anne Kathrin Koophamel
ist der Meinung: Auch See ist Mehr.
Hauptsache Wasser, Boote und eine
schöne Fischsemmel, so würde sie
ihren perfekten Tag beschreiben.
Die gebürtige Münchnerin kommt
seit ihrer Kindheit in den Chiemgau
und ist immer noch erstaunt, Neues
zu entdecken und Altes wiederzufin-
den. An ihrem großen Traum arbeitet
sie stetig: einen Liegeplatz für ihr
Segelboot auf dem Chiemsee zu
ergattern

**Lob oder Kritik? Wir freuen
uns auf deine Nachricht!**
Trotz gründlicher Recherche schlei-
chen sich manchmal Fehler ein. Wir
hoffen, du hast Verständnis, dass der
Verlag dafür keine Haftung überneh-
men kann. Wir freuen uns aber, wenn
du uns schreibst:

MARCO POLO Redaktion
MAIRDUMONT
Postfach 31 573751 Ostfildern
info@marcopolo.de

Bloß nicht!
Fettnäpfchen und Reinfälle vermeiden

Auf den Gratis-Schnaps verzichten

Fisch muss schwimmen, besonders nachdem er gegessen wurde. Bietet man euch also im Gasthaus einen Kurzen aufs Haus an, kippt ihn. Es ist für's eigene Wohlbefinden, wie der weise Wirt weiß.

Die Badehose verlieren

Die Alz kann ganz schön reißend sein. Gehst du in ihr baden, solltest du also lieber zwei Knoten in die Kordel der Badehose machen – und deinen Bikini enger schnüren.

Eine Leberkässemmel herbeisehen

Leberkäs ist bayrisch, aber nicht chiemgauerisch. Hier isst man Renke, Aal und Matjes aufs Brot. Auf der Alm vielleicht noch einen Bergkäse. Aber damit ist auch der Kas gebissen. Punkt und Ende.

Aufs Handy vertrauen

Falls du dich je gefragt hast, wo das Mobilfunkloch wohnt, seine Heimat muss es im Chiemgau haben. Auf Bergen und in vielen kleinen Orten ist partout kein Empfang. Schau dir deinen Weg deshalb lieber vorab auf Karten an.

Einen auf cool machen

Der Chiemgauer an sich ist viel lässiger als der Rest Bayerns. Das muss hier keiner beweisen. Status-Uhren, Designer-Handtaschen, Chichi kannst du daheimlassen. Cool ist, wer wetterflexibel gekleidet ist.